# 고려대 한국어

고려대학교 한국어센터 편

1B

中文版

KU PRESS
고려대학교출판문화원

고려대학교 한국어센터는 1986년 설립된 이래 한국어와 한국 문화를 재미있게 배우고 효과적으로 가르치는 방법을 연구해 왔습니다. 《고려대 한국어》와 《고려대 재미있는 한국어》는 한국어센터에서 내놓는 세 번째 교재로 그동안 쌓아 온 연구 및 교수 학습의 성과를 바탕으로 하고 있습니다.

이 책의 가장 큰 특징은 한국어를 처음 접하는 학습자도 쉽게 배워서 바로 사용할 수 있도록 구성했다는 점입니다. 한국어 환경에서 자주 쓰이는 항목을 최우선하여 선정하고 이 항목을 학습자가 교실 밖에서 사용할 수 있도록 연습 기회를 충분히 그리고 다양하게 제공하고 있습니다.

이 책을 내기까지 많은 분들의 도움을 받았습니다. 먼저 지금까지 고려대학교 한국어센터에서 한국어를 공부한 학습자들께 감사드립니다. 쉽고 재미있는 한국어 교수 학습에 대한 학습자들의 다양한 요구가 없었다면 이 책은 나오지 못했을 것입니다. 그리고 한국어 학습자들의 요구에 부응하기 위해 열정적으로 교육과 연구에 헌신하고 계신 고려대학교 한국어센터의 선생님들께도 감사드립니다.

무엇보다 한국어 학습자와 한국어 교원의 요구 그리고 한국어 교수 학습 환경을 종합적으로 고려한 최상의 한국어 교재를 위해 밤낮으로 고민하고 집필에 매진하신 고려대학교 국어국문학과 김정숙 교수님을 비롯한 저자분들께 깊은 감사를 드립니다. 이 밖에도 이 책이 보다 멋진 모습을 갖출 수 있도록 도와주신 고려대학교 출판문화원의 윤인진 원장님과 직원 여러분께도 감사드립니다. 그리고 집필진과 출판문화원의 요구를 수용하여 이 교재에 맵시를 입히고 멋을 더해 주신 랭기지플러스의 편집 및 디자인 전문가, 삽화가의 노고에도 깊은 경의를 표합니다.

부디 이 책이 쉽고 재미있게 한국어를 배우고자 하는 한국어 학습자와 효과적으로 한국어를 가르치고자 하는 한국어 교원 모두에게 도움이 되기를 바랍니다. 또한 앞으로 한국어 교육의 내용과 방향을 선도하는 역할도 아울러 할 수 있게 되기를 희망합니다.

2019년 7월
국제어학원장 박성철

## 이 책의 특징

《고려대 한국어》와 《고려대 재미있는 한국어》는 '형태를 고려한 과제 중심 접근 방법'에 따라 개발된 교재입니다.
《고려대 한국어》는 언어 항목, 언어 기능, 문화 등이 통합된 교재이고, 《고려대 재미있는 한국어》는 말하기, 듣기,
읽기, 쓰기로 분리된 기능 교재입니다.

《고려대 한국어》 1A와 1B가 100시간 분량, 《고려대 재미있는 한국어》 말하기, 듣기, 읽기, 쓰기가 100시간 분량의
교육 내용을 담고 있습니다. 200시간의 정규 교육 과정에서는 여섯 권의 책을 모두 사용하고, 100시간 정도의 단기
교육 과정이나 해외 대학 등의 한국어 강의에서는 강의의 목적이나 학습자의 요구에 맞는 교재를 선택하여 사용할
수 있습니다.

### 《고려대 한국어》의 특징

▶ **한국어를 처음 배우는 학습자도 쉽게 배울 수 있습니다.**
  - 한국어 표준 교육 과정에 맞춰 성취 수준을 낮췄습니다. 핵심 표현을 정확하고 유창하게 사용하는 것이 목표
    입니다.
  - 제시되는 언어 표현을 통제하여 과도한 입력의 부담 없이 주제와 의사소통 기능에 충실할 수 있습니다.
  - 알기 쉽게 제시하고 충분히 연습하는 단계를 마련하여 학습한 내용의 이해에 그치지 않고 바로 사용할 수 있
    습니다.

▶ **학습자의 동기를 이끄는 즐겁고 재미있는 교재입니다.**
  - 한국어 학습자가 가장 많이 접하고 흥미로워하는 주제와 의사소통 기능을 다룹니다.
  - 한국어 학습자의 특성과 요구를 반영하여 명확한 제시와 다양한 연습 방법을 마련했습니다.
  - 한국인의 언어생활, 언어 사용 환경의 변화를 발 빠르게 반영했습니다.
  - 친근하고 생동감 있는 삽화와 입체적이고 감각적인 디자인으로 학습의 재미를 더합니다.

▶ **한국어 학습에 최적화된 교수 학습 과정을 구현합니다.**

- 학습자가 자주 접하는 의사소통 과제를 선정했습니다. 과제 수행에 필요한 언어 항목을 학습한 후 과제 활동을 하도록 구성했습니다.
- 언어 항목으로 어휘, 문법과 함께 담화 표현을 새로 추가했습니다. 담화 표현은 고정적이고 정형화된 의사소통 표현을 말합니다. 덩어리로 제시하여 바로 사용하게 했습니다.
- 도입 – 제시·설명 – 형태적 연습 활동 – 유의적 연습 활동의 단계로 절차화했습니다.
- 획일적이고 일관된 방식을 탈피하여 언어 항목의 중요도와 난이도에 맞춰 제시하는 절차와 분량에 차이를 두었습니다.
- 발음과 문화 항목은 특정 단원의 의사소통 과제와 긴밀하게 연결되지는 않으나 해당 등급에서 반드시 다루어야 할 항목을 선정하여 단원 후반부에 배치했습니다.

### 《고려대 한국어》의 구성

▶ **1A와 1B는 각각 5단원으로 한 단원은 10시간 정도가 소요됩니다.**

▶ **한 단원의 구성은 아래와 같습니다.**

▶ **교재의 앞부분에는 '이 책의 특징'과 '단원 구성 표'를 배치했고, 교재의 뒷부분에는 '정답'과 '듣기 지문', '어휘 찾아보기', '문법 찾아보기'를 부록으로 넣었습니다.**

- 부록의 어휘는 단원별 어휘 모음과 모든 어휘를 가나다순으로 정렬한 두 가지 방식으로 제시했습니다.
- 부록의 문법은 문법의 의미와 화용적 특징, 형태 정보를 정리했고 문법의 쓰임을 확인할 수 있는 전형적인 예문을 넣었습니다. 학습자의 모어 번역도 들어가 있습니다.

▶ **모든 듣기는 MP3 파일 형태로 내려받아 들을 수 있습니다.**

### 《고려대 한국어 1B》의 목표

일상생활에서의 간단한 의사소통을 할 수 있습니다. 하루 일과, 음식 주문, 휴일 계획, 날씨 등에 대해 이야기할 수 있습니다. 한국어의 시제를 구별하여 사용할 수 있습니다.

《高丽大学韩国语》和《高丽大学有趣的韩国语》是遵循"任务聚焦并考虑形式的方法"而开发的教材。《高丽大学韩国语》是涵盖了语言项目、语言技能和文化的综合教材，《高丽大学有趣的韩国语》是听、说、读、写相区分的技能教材。

《高丽大学韩国语》1A和1B包含100小时的教育内容，《高丽大学有趣的韩国语》包含听、说、读、写在内的100小时教育内容。在200小时的常规课程体系中六本书全部使用，在100小时左右的短期教育课程或海外大学的韩国语课程中，可选择符合授课目的或学习者要求的教材使用。

## 《高丽大学韩国语》的特点

▶ **初学韩国语的学习者也可轻松学习。**

- 配合韩国语标准教育课程，降低了难度水平。将准确、流畅地使用核心表达方式作为目标。
- 通过控制所呈现的语言表达方式，减少过度灌输的负担，从而集中于主题和沟通技巧。
- 以清晰易懂的方式呈现，并通过充分的练习，避免学生只停留在理解阶段，使他们可以快速地学以致用。

▶ **实现韩语学习最佳教学成果的课程。**

- 涉及韩语学习者最熟悉和最感兴趣的主题及沟通技巧。
- 反映韩语学习者的特点与需求，在教材中做出明确的介绍，并呈现多样的练习方法。
- 及时反映了韩国人的语言生活和韩语语言环境的变化。
- 贴切生动的插画和富有立体感，品味出众的设计，增添了学习的乐趣。

▶ **实现韩语学习最佳教学成果的课程。**

- 教材选用了学习者经常遇到的语言交际。在学习完实际语言交际所需的语言项目后，即可进行该课题活动。
- 语言项目中除了词汇，语法，还加入了语篇表达。语篇表达指的是一种固定的，定型化的沟通表达方式。通常以整体形式出现，可以直接套用。
- 按"引入-呈现·说明-形态上的练习活动-注意性练习活动"的步骤实现程序化。
- 避免了统一化和千篇一律的方式，按照语言项目的重要度和难易度，在呈现的步骤和分量上做出了调整。
- 发音与文化项目没有与特定单元的沟通课题紧密关联，但选定了在该等级必须学习的项目，安排在每个单元的后半部分。

## 《高丽大学韩国语》的构成

▶ 1A和1B各5个单元，每个单元需学习10小时左右。

▶ 每个单元的构成如下。

| 引入 | 学一学 | | | 再练习一遍 | 现在试一试 | | | | 自我评价 |
|---|---|---|---|---|---|---|---|---|---|
| 想一想<br>学习目标 | 词汇 | 语法 | 语篇<br>表达 | | 口语 | 听力 | 阅读 | 写作 | 发音/文化 |

▶ 教材的前面加入"本书的特征"、"教学大纲"等内容，教材的后面则以附录形式收录了"标准答案"、"听力原文"、"词汇索引"、"语法索引"。

- 附录中的词汇分别以单元词汇汇总和将所有词汇按照字母顺序排列两种方式呈现。
- 附录中的语法分别对语法的含义，语用特征和形态信息进行了整理，列举出确认该语法使用方法的典型例句。同时，还添加了学习者的母语翻译。

▶ 所有听力内容均可以MP3文件格式下载，供学习者进行听力练习。

## 《高丽大学韩国语1B》的目标

能在日常生活中进行简单的沟通。可以谈论每天的日程、点菜、假期计划、天气等话题。能够区分韩国语的时态进行使用。

**등장인물이 나오는 장면을 보면서 단원의 주제, 의사소통 기능 등을 확인합니다.**

看出场人物出现的场景，确认本单元主题、语言交际技能等内容。

**어휘의 도입** 引入词汇 ◀

• 목표 어휘가 사용되는 의사소통 상황입니다.
　使用目标词汇的语言交际情境。

**어휘의 제시** 词汇的呈现 ◀

• 어휘 목록입니다. 맥락 속에서 어휘를 배웁니다.
　词汇目录。在上下文中学习词汇。

• 그림, 어휘 사용 예문을 보며 어휘의 의미와 쓰임을 확인합니다.
　通过查看图片和使用词汇的例句，确认词汇的含义和用法。

단원의 제목 单元的题目

생각해 봐요 想一想
- 등장인물이 나누는 간단한 대화를 듣고 단원의 주제와 의사소통 목표를 생각해 봅니다.
  听出场人物之间进行的简单对话，想一想本单元的主题及交际目标。

학습 목표 学习目标
- 단원을 학습한 후에 수행할 수 있는 의사소통 목표입니다.
  结束本单元学习后能够独自完成的交际目标。

어휘의 연습 1 词汇练习1
- 배운 어휘를 사용해 볼 수 있는 말하기 연습입니다.
  运用所学词汇进行的口语练习。
- 연습의 방식은 그림, 사진, 문장 등으로 다양합니다.
  练习方式有图片、照片和句子等多种形式。

어휘의 연습 2 词汇练习2
- 유의미한 의사소통 상황에서 배운 어휘를 사용하는 말하기 연습입니다.
  在有意义的语言交际情境中使用所学词汇进行口语练习。

# 이 책의 특징 本书的特点

### 문법의 도입 引入语法

- 목표 문법이 사용되는 의사소통 상황입니다.
  使用目标语法的语言交际情境。

### 문법의 제시 语法的呈现

- 목표 문법의 의미와 쓰임을 여러 예문을 통해 확인합니다.
  通过多个例句确认目标语法的含义和用法。

- 목표 문법을 사용하기 위해 알아야 하는 기본 정보입니다.
  为使用目标语法而需要知道的基本信息。

### 새 단어 新单词

- 어휘장으로 묶이지 않은 개별 단어입니다.
  没有纳入到词汇表中的个别单词。

- 문맥을 통해 새 단어의 의미를 확인합니다.
  通过上下文确认新单词的含义。

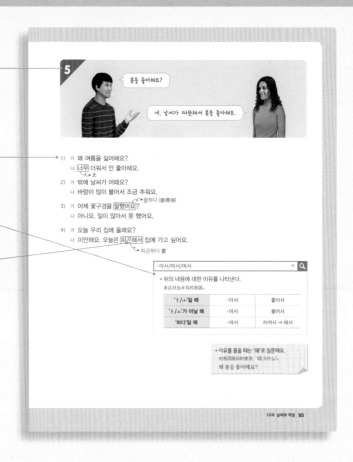

### 담화 표현의 제시 篇章表达展示

- 고정적이고 정형화된 의사소통 표현입니다.
  句群表达是一种固定的、定型化的沟通表达方式。

### 담화 표현 연습 篇章表达练习

- 담화 표현을 덩어리째 익혀 대화하는 말하기 연습입니다.
  以句群的形式熟悉篇章表达方式，并进行对话的口语练习。

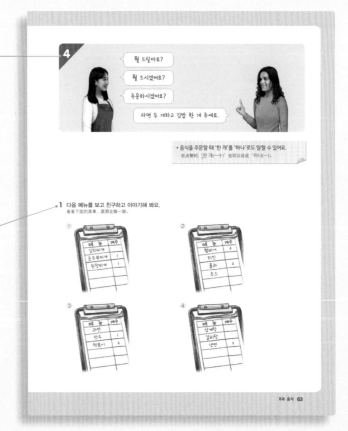

1 다음과 같이 이야기해 봐요.
围绕以下内容聊一聊。

① 봄 | 꽃이 많이 피다    ② 여름 | 방학이 있다
③ 여름 | 휴가가 있다    ④ 가을 | 안 덥다
⑤ 가을 | 단풍이 들다    ⑥ 겨울 | 눈이 오다

봄
따뜻하다
가 왜 봄을 좋아해요?
나 따뜻해서 좋아해요.

2 다음과 같이 이야기해 봐요.
围绕以下内容聊一聊。

✔ 못 사다        비싸다    싸다        사다 ✔
못 먹다          아프다    맛있다       많이 먹다
못 하다          바쁘다    예쁘다 ✔     사진을 찍다
                ✔ 돈이 없다  좋아하다
                날씨가 나쁘다  날씨가 좋다

가 왜 못 샀어요?      가 왜 샀어요?
나 돈이 없어서 못 샀어요.  나 예뻐서 샀어요.

3 여러분은 왜 한국어를 배워요? 친구하고 이야기해 봐요.
大家为什么学习韩国语? 跟朋友聊一聊。

96 고려대 한국어 1B

### 문법의 연습 1 语法练习 1

- 배운 문법을 사용해 볼 수 있는 말하기 연습입니다.
  运用所学语法进行的口语练习。

- 연습의 방식은 그림, 사진, 문장 등으로 다양합니다.
  练习方式有图片、照片和句子等多种形式。

### 문법의 연습 2 语法练习 2

- 문법의 중요도와 난이도에 따라 연습 활동의 수와
  분량에 차이가 있습니다.
  根据语法的重要程度和难易度的不同，练习活动的数量
  和分量会有所差异。

### 문법의 연습 3 语法练习 3

- 유의미한 의사소통 상황에서 배운 문법을 사용하는
  말하기 연습입니다.
  在有意义的交际情况中针对学过的语法进行的会话练
  习。

---

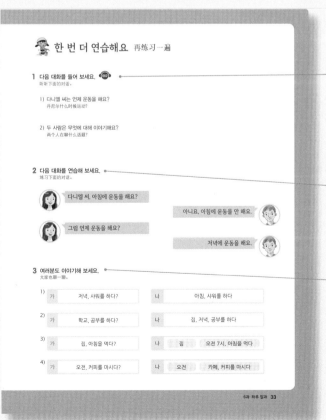

## 한 번 더 연습해요 再练习一遍

1 다음 대화를 들어 보세요.
听听下面的对话。

1) 다니엘 씨는 언제 운동을 해요?
   丹尼尔什么时候运动?

2) 두 사람은 무엇에 대해 이야기해요?
   两个人在聊什么话题?

2 다음 대화를 연습해 보세요.
练习下面的对话。

다니엘 씨, 아침에 운동을 해요?

아니요, 아침에 운동을 안 해요.

그럼 언제 운동을 해요?

저녁에 운동을 해요.

3 여러분도 이야기해 보세요.
大家也聊一聊。

1) 가 저녁, 샤워를 하다?      나 아침, 샤워를 하다
2) 가 학교, 공부를 하다?      나 집, 저녁, 공부를 하다
3) 가 집, 아침을 먹다?        나 집 | 오전 7시, 아침을 먹다
4) 가 오전, 커피를 마시다?    나 오전 | 카페, 커피를 마시다

6과 하루 일과 33

### 대화 듣기 听对话

- 의사소통 목표가 되는 자연스럽고 유의미한 대화를 듣고
  대화의 목적, 대화의 내용을 파악합니다.
  倾听成为语言交际目标的自然而有意义的对话，掌握对
  话的目的和内容。

### 대화 연습 练习对话

- 대화 연습을 통해 대화의 구성 방식을 익힙니다.
  通过对话练习，熟悉对话的构成方式。

### 대화 구성 연습 组织对话练习

- 학습자 스스로 대화를 구성하여 말해 보는 연습입니다.
  学习者自己组织对话内容而进行的练习。

- 어휘만 교체하는 단순 반복 연습이 되지 않도록 구성했
  습니다.
  结构上避免了变成简单替换词汇的重复练习。

이 책의 특징 11

## 이 책의 특징 本书的特点

### 듣기 활동 听力活动

- 단원의 주제와 기능이 구현된 의사소통 듣기 활동입니다.
  体现单元主题和技能的语言交际听力活动。

- 중심 내용 파악과 세부 내용 파악 등 목적에 따라 두세 번 반복하여 듣습니다.
  根据掌握整体内容和掌握具体内容等目的的不同, 反复听两三次。

### 말하기 활동 口语活动

- 단원의 주제와 기능이 구현된 의사소통 말하기 활동입니다.
  体现单元主题和技能的语言交际口语活动。

- 말하기 전에 말할 내용이나 방식에 대해 생각해 본 후 말하기를 합니다.
  口语练习之前, 先想一想要说的内容或方式, 然后再说。

### 쓰기 활동 写作活动

- 단원의 주제와 기능이 구현된 의사소통 쓰기 활동입니다.
  体现单元主题和技能的语言交际写作活动。

- 쓰기 전에 써야 할 내용이나 방식에 대해 생각해 본 후 쓰기를 합니다.
  写作之前, 先想一想要写的内容或方式, 然后再写。

#### 이제 해 봐요 现在试一试

**들어요** 1 다음은 식당에서의 대화입니다. 잘 듣고 질문에 답해 보세요.
以下是发生在餐厅的对话。请认真听, 然后回答问题。

1) 두 사람은 무엇을 먹어요? ✔ 하세요.
两个人在吃什么? 请用 ✔ 勾选出来。

2) 들은 내용과 같으면 ◯, 다르면 ✕에 표시하세요.
与听到的内容一致时用 ◯, 不同时用 ✕ 表示。

① 여자는 갈비탕을 좋아해요. ◯ ✕

② 이 식당 비빔밥은 안 매워요. ◯ ✕

**말해요** 1 메뉴를 보고 음식을 주문하는 대화를 해 보세요.
请以看菜单点餐为内容进行对话。

1) 메뉴를 보세요. 무슨 음식이 있어요? 무엇을 먹을래요?
请看菜单。都有什么食物? 想吃点什么?

2) 식당 종업원하고 손님이 되어서 이야기하세요.
扮成餐厅服务员来和顾客聊一聊。

68 고려대 한국어 1B

**써요** 1 여러분이 먹은 한국 음식에 대해 써 보세요.
针对大家吃过的韩国食物写一篇短文。

1) 여러분이 먹은 음식 중에서 무엇이 제일 맛있었어요? 메모하세요.
在大家吃过的食物中最好吃的是什么? 请记下来。

| 무엇을 먹었어요? | |
|---|---|
| 어디에서 먹었어요? | |
| 맛이 어땠어요? | |
| 별점 | ☆ ☆ ☆ ☆ ☆ |

2) 메모한 내용을 바탕으로 글을 쓰세요.
以记录的内容写一篇短文。

70 고려대 한국어 1B

MENU
비빔밥 · · · · · 8,000
김치찌개 · · · · · 8,000
된장찌개 · · · · · 8,000
순두부찌개 · · · · · 8,000
갈비탕 · · · · · 10,000
김치 국수 · · · · · 5,000

MENU
떡볶이 · · · · · 5,000
만두 · · · · · 5,000
김밥 · · · · · 4,000
라면 · · · · · 4,000

 1 다음은 두엔 씨가 한국 음식을 소개하는 글입니다. 잘 읽고 질문에 답해 보세요.
읽어요 以下是杜安介绍韩国食物的短文。请仔细阅读，然后回答问题。

저는 베트남 사람이에요. 한국에 두 달 전에 왔어요. 저는 한국 음식을 안 먹고, 보통 베
트남 음식을 먹어요. 한국 음식은 많이 매워요. 어제는 한국 친구하고 한국 식당에 갔어
요. 거기에서 불고기를 처음 먹었어요. 불고기는 안 매웠어요. 아주 맛있었어요.
→ 首次

1) 두엔 씨는 보통 한국 음식을 먹어요?
杜安通常会吃韩国食物吗?

2) 두엔 씨는 어제 무엇을 먹었어요?
杜安昨天吃了什么?

3) 그 음식은 어땠어요?
那种食物怎么样?

8과 음식 69

**읽기 활동** 阅读活动

· 단원의 주제와 기능이 구현된 의사소통 읽기 활동입니다.
体现单元主题和技能的语言交际阅读活动。

· 중심 내용 파악과 세부 내용 파악 등 목적에 따라 두세 번
반복하여 읽습니다.
根据掌握整体内容和掌握具体内容等目的的不同，反复
读两三次。

---

문화 **한국인이 좋아하는 한국 음식**
韩国人喜欢的韩国食物

· 여러분은 무슨 한국 음식을 좋아해요? 한국 사람들은 무슨 한국 음식을 좋아할까요?
大家喜欢吃哪种的韩国食物呢? 韩国人又喜欢哪种的韩国食物呢?

韩国人最喜欢的韩国食物是 김치찌개(泡菜汤)，第二是 된장찌개(大酱汤)，第三是大家也非常喜欢的
불고기(烤牛肉)。除此之外韩国人喜欢的韩国食物依次是 치킨(炸 鸡)、비빔밥(拌饭)、잡채(杂菜)和 삼겹
살(五花肉)。

· 여러분은 이 중에서 무엇을 먹어 보고 싶어요? 여러분 나라에서 인기 있는 음식은 무엇이에요?
这些食物大家想吃的有哪些呢? 在大家的国家里最受欢迎的食物都有哪些?

**발음 활동/문화 활동** 发音活动/文化活动

· 초급에서 필수적으로 알아야 할 발음/문화 항목을 소개합
니다. 간단한 설명 후 실제 활동을 해 봅니다.
介绍初级阶段必须知道的发音/文化项目。简单说明后进
行实际活动。

· 단원마다 발음 또는 문화 항목이 제시됩니다.
每个单元都会选择性地呈现发音或文化项目。

**자기 평가** 自我评价

· 단원 앞부분에 제시되었던 학습 목표 달성 여부를 학습자
스스로 점검합니다.
学习者自我检验是否完成了单元前面列出的学习目标。

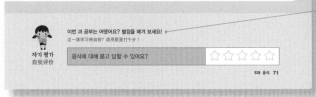

이번 과 공부는 어땠어요? 별점을 매겨 보세요!
这一课学习得如何? 请用星星打T个分!

자기 평가
自我评价

음식에 대해 묻고 답할 수 있어요? ☆☆☆☆☆

8과 음식 71

# 단원 구성 표

| 단원 | 단원 제목 | 학습 목표 | 의사소통 활동 |
|---|---|---|---|
| **6** 과 | **하루 일과** | 하루 일과를 묻고 답할 수 있다. | • 하루 일과에 대한 대화 듣기<br>• 하루 일과 메모 읽기<br>• 하루 일과 묻고 답하기<br>• 하루 일과 글 쓰기 |
| **7** 과 | **한국 생활** | 한국 생활에 대해 묻고 답할 수 있다. | • 한국 생활에 대한 대화 듣기<br>• 한국 생활에 대한 글 읽기<br>• 한국 생활에 대해 묻고 답하기<br>• 한국 생활에 대한 글 쓰기 |
| **8** 과 | **음식** | 음식에 대해 묻고 답할 수 있다. | • 음식 주문하는 대화 듣기<br>• 음식 주문하기<br>• 음식에 대한 글 읽기<br>• 음식에 대한 글 쓰기 |
| **9** 과 | **휴일** | 휴일 활동에 대해 묻고 답할 수 있다. | • 휴일 활동에 대한 대화 듣기<br>• 휴일 활동에 대해 묻고 답하기<br>• 방학 계획에 대한 글 읽기<br>• 방학 계획에 대한 글 쓰기 |
| **10** 과 | **날씨와 계절** | 날씨와 계절에 대해 묻고 답할 수 있다. | • 좋아하는 계절에 대한 대화 듣기<br>• 좋아하는 계절에 대해 묻고 답하기<br>• 좋아하는 계절에 대한 글 읽기<br>• 좋아하는 계절에 대한 글 쓰기 |

| | 어휘 · 문법 · 담화 표현 | | | 발음/문화 |
|---|---|---|---|---|
| • 시 · 분<br>• 시간<br>• 하루 일과 | • 에<br>• 안 | | | 소리 내어 읽기 1 |
| • 시간<br>• 기간 | • -았어요/었어요/였<br>  어요<br>• -고<br>• 한테 | | | 한국 생활, 대박! |
| • 음식<br>• 맛 | • -(으)ㄹ래요<br>• -(으)세요<br>• 도 | • 음식 주문하기 | | 한국인이 좋아하는 한국<br>음식 |
| • 쉬는 날<br>• 휴일 활동 | • -(으)ㄹ 것이다<br>• -고 싶다<br>• 부터, 까지 | | | 소리 내어 읽기 2 |
| • 계절<br>• 날씨<br>• 계절의 특징 · 활동 | • 못<br>• -아서/어서/여서 | | | 한국의 사계절과 날씨 |

| 单元 | 单元名 | 学习目标 | 语言交际活动 |
|---|---|---|---|
| 第六课 | **每天的日程** | 能对每天的日程进行提问和回答。 | • 听关于一天日程的对话<br>• 读关于一天日程的备忘录<br>• 对一天的日程进行问答<br>• 写关于一天日程的作文 |
| 第七课 | **韩国生活** | 能对韩国的生活进行提问和回答。 | • 听关于韩国生活的对话<br>• 读关于韩国生活的短文<br>• 对韩国生活进行问答<br>• 写关于韩国生活的作文 |
| 第八课 | **食物** | 能针对食物进行提问和回答。 | • 听点菜的对话<br>• 练习点菜<br>• 读关于食物的短文<br>• 写关于食物的作文 |
| 第九课 | **假期** | 能谈论假期活动。 | • 听关于假期活动的对话<br>• 对假期活动进行问答<br>• 读关于放假计划的短文<br>• 写关于放假计划的作文 |
| 第十课 | **天气和季节** | 能对天气和季节进行提问和回答。 | • 听关于喜欢的季节的对话<br>• 对喜欢的季节进行问答<br>• 读关于喜欢的季节的短文<br>• 写关于喜欢的季节的作文 |

| | 词汇·语法·语篇表达 | | 发音 / 文化 |
|---|---|---|---|
| • 小时，分钟<br>• 时间<br>• 每天的日程 | • 에<br>• 안 | | 出声朗读 1 |
| • 时间<br>• 期间，时间 | • -았어요/었어요/였어요<br>• -고<br>• 한테 | | 韩国生活，真棒！ |
| • 食物<br>• 味道 | • -(으)ㄹ래요<br>• -(으)세요<br>• 도 | • 点餐 | 韩国人喜欢的韩国食物 |
| • 休息日<br>• 假期活动 | • -(으)ㄹ 것이다<br>• -고 싶다<br>• 부터, 까지 | | 出声朗读 2 |
| • 季节<br>• 天气<br>• 每个季节的特征和活动 | • 못<br>• -아서/어서/여서 | | 韩国的四季与天气 |

# 차례 目录

**부록**

### 왕웨이

나라 중국
나이 19세
직업 학생
(고려대학교 한국어센터)
취미 피아노

### 카밀라 멘데즈

나라 칠레
나이 23세
직업 학생
(고려대학교 한국어센터)
취미 SNS

### 무함마드 알 감디

나라 이집트
나이 32세
직업 요리사/학생
취미 태권도

### 김지아

나라 한국
나이 22세
직업 학생
(고려대학교 경제학과)
취미 영화

### 미아 왓슨

나라 영국
나이 21세
직업 학생
(고려대학교 교환 학생)
취미 노래(K-POP)

## 응우옌 티 두엔

| | |
|---|---|
| **나라** | 베트남 |
| **나이** | 19세 |
| **직업** | 학생 |
| | (고려대학교 한국어센터) |
| **취미** | 드라마 |

## 다니엘 클라인

| | |
|---|---|
| **나라** | 독일 |
| **나이** | 29세 |
| **직업** | 회사원/학생 |
| **취미** | 여행 |

## 모리야마 나쓰미

| | |
|---|---|
| **나라** | 일본 |
| **나이** | 35세 |
| **직업** | 학생/약사 |
| **취미** | 그림 |

## 서하준

| | |
|---|---|
| **나라** | 한국 |
| **나이** | 22세 |
| **직업** | 학생 |
| | (고려대학교 국어국문학과) |
| **취미** | 농구 |

## 정세진

| | |
|---|---|
| **나라** | 한국 |
| **나이** | 33세 |
| **직업** | 한국어 선생님 |
| **취미** | 요가 |

20:30:47

# 6

# 하루 일과

每天的日程

061

생각해 봐요 想一想 061

**1** 하준 씨는 저녁에 무엇을 해요?
夏俊今晚做什么?

**2** 여러분의 하루 일과는 어때요?
大家每天的日程如何?

학습 목표 学习目标

**하루 일과를 묻고 답할 수 있다.**
能对每天的日程进行提问和回答。

- 시 · 분, 시간, 하루 일과
- 에, 안

# 배워요 学一学

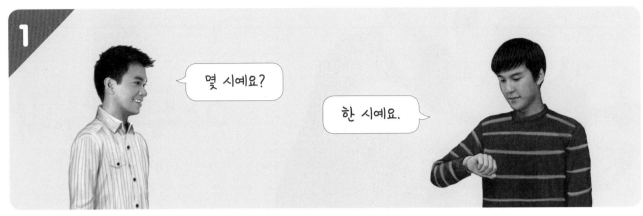

**시 · 분** 小时, 分钟 ▽ 🔍

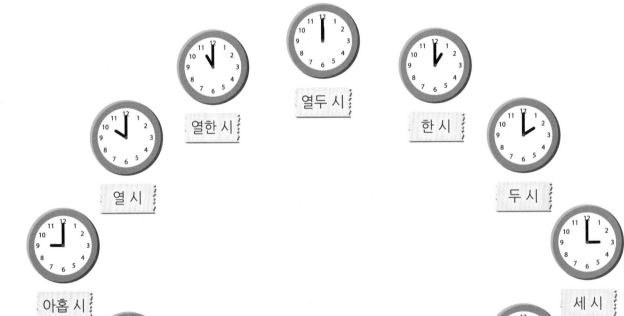

열한 시

열두 시

한 시

열 시

두 시

아홉 시

세 시

여덟 시

네 시

일곱 시

다섯 시

여섯 시

일 분　이 분　삼 분　사 분　오 분　십 분

십오 분　이십 분　삼십 분　사십 분　사십오 분　오십 분

한 시 일 분　두 시 십 분　다섯 시 사십 분　열 시 오십오 분　열한 시 반

**1** 다음과 같이 이야기해 봐요.
围绕以下内容聊一聊。

①  ②

③  ④

⑤  ⑥

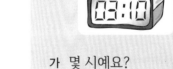

가　몇 시예요?

나　세 시 십 분이에요.

⑦  ⑧  ⑨  ⑩

**2** 지금 몇 시예요? 친구하고 이야기해 봐요.
现在是几点? 跟朋友聊一聊。

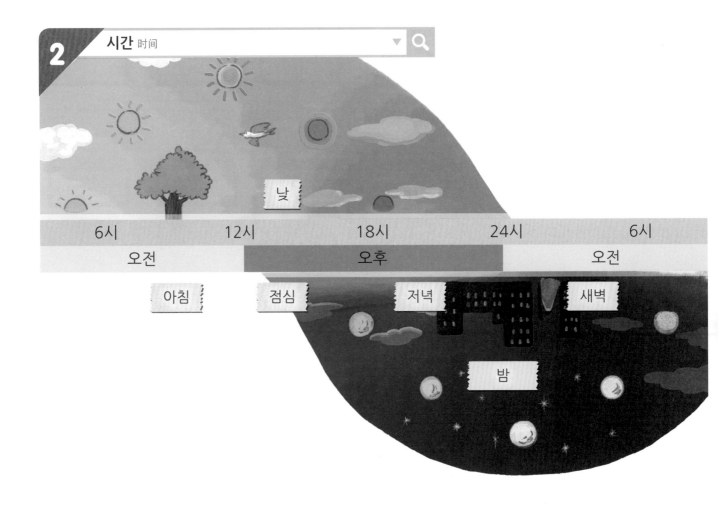

낮

| 6시 | 12시 | 18시 | 24시 | 6시 |
|---|---|---|---|---|
| 오전 | | 오후 | | 오전 |

아침　　점심　　저녁　　새벽

밤

**1** 다음과 같이 이야기해 봐요.
围绕以下内容聊一聊。

①

②

가 몇 시예요?

나 아침 여덟 시예요.

③

④

⑤

⑥

⑦

⑧

**3**

몇 시에 자요?

열두 시에 자요.

1) 가 몇 시에 친구를 만나요?
   나 오후 세 시에 만나요.

2) 가 언제 운동을 해요?
   _什么时候_
   나 보통 아침에 운동을 해요.
   _通常_

3) 가 저녁에 뭐 해요? _然后_
   나 밥을 먹어요. 그리고 쉬어요.

에 🔍
- 어떤 동작이나 행위, 상태가 일어나는 시간을 나타낸다.
  表示某种动作，行为或状态发生的时间。

**1** 다음과 같이 이야기해 봐요. 围绕以下内容聊一聊。

백화점에 가다    오후 5시

가 몇 시에 백화점에 가요? | 가 언제 백화점에 가요?
나 오후 다섯 시에 가요. | 나 오후 다섯 시에 가요.

① 학교에 가다   08:00        ② 밥을 먹다   12:30

③ 선생님을 만나다   14:00     ④ 영화를 보다   10:00

⑤ 운동을 하다   오전          ⑥ 공부하다   저녁

⑦ 커피를 마시다   지금        ⑧ 자다   밤 11시

자다

일어나다

씻다

아침/점심/저녁을 먹다

샤워하다

음식을 만들다

학교에 가다

출근하다

집에 오다

수업이 끝나다

수업이 시작되다

일하다

퇴근하다

쉬다

• '수업이 시작되다'는 '수업이
  시작하다'로도 말해요.
  '수업이 시작되다' 还可以说
  成 '수업이 시작하다'。

**1** 다음과 같이 이야기해 봐요.

围绕以下内容聊一聊。

오후 8시

가 몇 시에 집에 와요?

나 오후 여덟 시에 집에 와요.

저녁

가 언제 집에 와요?

나 저녁에 집에 와요.

①

아침 7시

②

오후 3시

③

12:30

④

08:30

⑤

낮

⑥

저녁

⑦

밤

⑧

오전 10시

⑨

새벽

**2** 다음과 같이 이야기해 봐요.
围绕以下内容聊一聊。

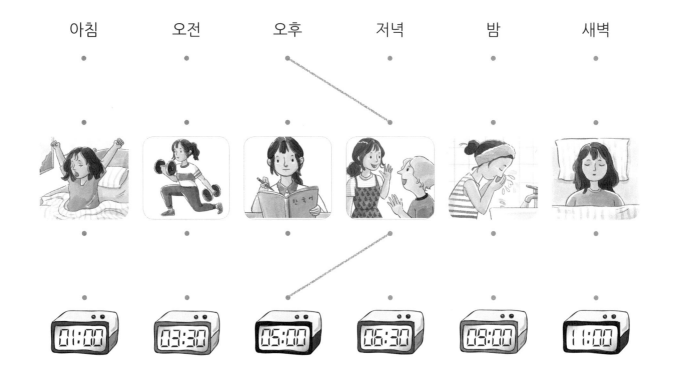

| 아침 | 오전 | 오후 | 저녁 | 밤 | 새벽 |

가 오후에 뭐 해요?

나 친구를 만나요.

가 몇 시에 만나요?

나 오후 다섯 시에 만나요.

**3** 여러분은 보통 아침, 점심, 저녁, 밤에 뭐 해요?
몇 시에 해요? 친구하고 이야기해 봐요.

大家通常早晨、中午、傍晚、夜晚做些什么？几点钟做这些事情？跟朋友聊一聊。

**5**

오늘 친구를 만나요?

아니요, 친구를 안 만나요.

1) 가 한국어가 어려워요?

　　나 아니요, 안 어려워요. 쉬워요.

2) 가 회사에 다녀요?　→ 다니다 上(班)

　　나 아니요, 회사에 안 다녀요.

3) 가 오늘 쇼핑해요?

　　나 아니요, 쇼핑 안 해요.

4) 가 집에 혼자 가요?　→ 自己独自

　　나 아니요, 혼자 안 가요.

　　가 그러면 누구하고 가요?

　　나 친구하고 같이 가요.
　　　　→ 那么

| 안 | ▼ | 🔍 |
|---|---|---|

- 동사나 형용사 앞에 쓰여 부정이나 반대의 뜻을 나타낸다.
  用于动词或形容词之前，表示否定或相反的意思。

- '명사＋하다'의 동사는 '명사＋안＋하다'의 형태로 쓴다.
  '名词＋하다' 动词否定形式是 '名词＋안＋하다'。

- '있다'는 '없다'로, '알다'는 '모르다'로, '좋아하다'는 '안 좋아하다'로 말해요.
  将 '있다' 变成 '없다', '알다' 变成 '모르다', '좋아하다' 变成 '안 좋아하다(不喜欢)' 来说一说。

  가 저 사람 이름을 알아요?　　　가 커피를 좋아해요?
  나 몰라요.　　　　　　　　　　나 아니요, 안 좋아해요.

**1** 다음과 같이 이야기해 봐요.
　　围绕以下内容聊一聊。

① 회사, 가다　　② 아침, 먹다

③ 음악, 듣다　　④ 지금, 전화하다

⑤ 돈, 많다　　⑥ 이 시계, 좋다

⑦ 한국인 친구, 있다　　⑧ 김밥, 맛있다　　⑨ 저 사람, 알다

> 집, 크다
>
> 가 집이 커요?
> 나 아니요, 집이 안 커요.

**2** 다음과 같이 이야기해 봐요.
围绕以下内容聊一聊。

백화점, 가방, 사다

어디

가 백화점에서 가방을 사요?
나 아니요, 백화점에서 가방을 안 사요.
가 그러면 어디에서 사요?
나 시장에서 사요.

① 회사, 가다
어디

② 집, 친구, 만나다
어디

③ 8시, 일어나다
몇 시

④ 오전, 책, 읽다
언제

⑤ 라면, 1개, 사다
몇 개

⑥ 학교, 다니다
어디

⑦ 혼자, 공부하다
누구하고

⑧ 공원, 운동하다
무엇

**3** 친구는 하루를 어떻게 보내요? 아침을 먹어요? 오전에 운동을 해요? 혼자 해요? 다섯 가지 이상 질문하고 대답해 봐요.
朋友如何度过一天? 吃早饭吗? 上午运动吗? 自己一个人吗? 提出五个以上的问题，然后进行回答。

# 한 번 더 연습해요 再练习一遍

**1** 다음 대화를 들어 보세요.
听听下面的对话。

1) 다니엘 씨는 언제 운동을 해요?
丹尼尔什么时候运动?

2) 두 사람은 무엇에 대해 이야기해요?
两个人在聊什么话题?

**2** 다음 대화를 연습해 보세요.
练习下面的对话。

 다니엘 씨, 아침에 운동을 해요?

아니요, 아침에 운동을 안 해요.

 그럼 언제 운동을 해요?

저녁에 운동을 해요.

**3** 여러분도 이야기해 보세요.
大家也聊一聊。

| |  | |  | |
|---|---|---|---|---|
| 1) | 가 | 저녁, 샤워를 하다? | 나 | 아침, 샤워를 하다 |
| 2) | 가 | 학교, 공부를 하다? | 나 | 집, 저녁, 공부를 하다 |
| 3) | 가 | 집, 아침을 먹다? | 나 | 집    오전 7시, 아침을 먹다 |
| 4) | 가 | 오전, 커피를 마시다? | 나 | 오전    카페, 커피를 마시다 |

이제 해 봐요 现在试一试

들어요

**1** 다음은 하루 일과에 대한 대화입니다. 잘 듣고 질문에 답해 보세요.
以下是关于一天日程安排的对话，请认真听，然后回答问题。

1) 두엔 씨는 오전에 무엇을 해요? 모두 고르세요.
   杜安上午做什么? 请全部选出来。

①   ②   ③

④   ⑤   ⑥

⑦   ⑧

2) 들은 내용과 같은 것을 고르세요.
   请选出与所听内容一致的选项。

   ① 두엔 씨는 회사원이에요.

   ② 두엔 씨는 아침 일곱 시에 일어나요.

   ③ 두엔 씨는 오후에 친구하고 운동을 해요.

읽어요

**1** 다음은 카밀라 씨의 메모입니다. 잘 읽고 질문에 답해 보세요.
下面是卡米拉的记录，请仔细阅读，然后回答问题。

January — 18
Monday

| 오전 | 9시~12시 수업 |
| | 12:30 점심, 반 친구 |

| 오후 | 14시 |
| | → 20시 |

1) 카밀라 씨는 학교에 가요?
卡米拉去学校吗？

2) 카밀라 씨는 점심을 몇 시에 먹어요?
卡米拉几点吃午饭？

3) 카밀라 씨는 운동을 언제 해요?
卡米拉什么时候运动？

말해요

**1** 여러분의 하루 일과를 이야기해 보세요.
请说出大家一天的日程安排。

1) 여러분의 하루 일과는 어때요? 바빠요? 재미있어요? 보통 무엇을 해요? 언제 해요?
大家每天的日程安排如何？忙吗？有趣吗？通常做些什么？什么时候做？

2) 아래 수첩에 메모하세요.
请记在下面的手册上。

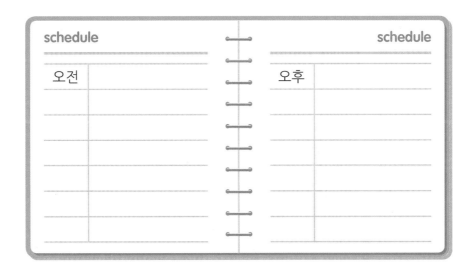

schedule
오전

schedule
오후

3) 하루 일과가 어때요? 메모를 보고 친구하고 이야기하세요.
一天的日程安排如何? 看看记录的内容，并跟朋友聊一聊。

**1** 여러분의 하루 일과를 소개하는 글을 써 보세요.
写一篇介绍自己一天日程安排的短文。

1) 위의 메모를 바탕으로 글을 쓰세요.
请以上面的记录内容写一篇短文。

## 발음 소리 내어 읽기 1 出声朗读 1

● 다음 문장을 읽어 보세요.
请读出下面的句子。

> 1) 안녕하세요? 저는 김민정이에요. 만나서 반갑습니다.
>
> 2) 저는 오늘 학교에 가요. 학교에서 한국어를 공부해요.
>
> 3) 저는 일본 사람이에요. 한국인 친구가 두 명 있어요.
>
> 4) 오후에 백화점에 가요. 옷을 사요. 그리고 신발도 사요.
>
> 5) 저는 축구를 좋아해요. 아침에 친구하고 축구를 해요.

● 다음을 읽어 보세요. 시간이 얼마나 걸렸어요?
请读出下列内容。花了多长时间?

> 안녕하세요? 저는 페르난데스예요. 멕시코 사람이에요. 지금은 한국에
> 서 살아요. 한국 회사에 다녀요. 저는 보통 아침 일곱 시에 일어나요. 아
> 침에 운동을 해요. 그리고 오전 아홉 시부터 오후 여섯 시까지 회사에서
> 일해요. 저녁은 보통 친구들하고 같이 먹어요. 한국 생활은 재미있어요.

● 이번에는 조금 더 빨리 읽어 보세요.
这次请读得更快一些。

이번 과 공부는 어땠어요? 별점을 매겨 보세요!
这一课学习得如何? 请用星星打个分!

| 하루 일과를 묻고 답할 수 있어요? | ☆ ☆ ☆ ☆ ☆ |
| --- | --- |

# 7

# 한국 생활
韩国生活

071

💡 **생각해 봐요** 想一想

**1** 카밀라 씨는 언제 한국에 왔어요?
卡米拉是什么时候来韩国的?

**2** 여러분은 한국 생활이 어때요?
大家的韩国生活怎么样?

🚲 **학습 목표** 学习目标

**한국 생활에 대해 묻고 답할 수 있다.**
能对韩国的生活进行提问和回答。

- 시간, 기간
- -았어요/었어요/였어요, -고

# 배워요 学一学

> 어제 뭐 했어요?
>
> 친구하고 놀았어요.

1) 가 어제 저녁에 뭐 했어요?

   나 부모님한테 전화했어요.
   └→ 父母

2) 가 영화가 어땠어요?

   나 재미있었어요.

3) 가 어제 뭐 했어요?

   나 명동에서 쇼핑을 했어요.

   가 한국 친구하고 갔어요?

   나 아니요, 혼자 갔어요. 그래서 조금 힘들었어요.
       └→ 所以          └→ 힘들다 困难

> • '한테'는 행동이 미치는 대상임을 나타내요.
> '한테' 表示行动波及的对象。
> 친구한테 사탕을 줘요.

| -았어요/었어요/였어요 | ▽ 🔍 |
| --- | --- |

• 어떤 사건이나 행위가 이야기하는 시점에서 이미 일어났음을 나타낸다.
表示某事或某种行为在说话时已经发生。

| 'ㅏ/ㅗ'일 때 | -았어요 | 작았어요<br>놀았어요 |
| --- | --- | --- |
| 'ㅏ/ㅗ'가 아닐 때 | -었어요 | 먹었어요<br>읽었어요 |
| '하다'일 때 | -였어요 | 하였어요 ➡ 했어요 |

**1 다음을 어제의 일로 바꿔서 이야기해 봐요.**
将下列内容换成昨天发生的事情来聊一聊。

① 가 오늘 무엇을 해요?

나 친구를 만나요.

② 가 음악을 들어요?

나 아니요, 책을 읽어요.

③ 가 오늘 어디에서 옷을 사요?

나 옷 가게에서 옷을 사요.

④ 가 오후에 뭐 해요?

나 음식을 만들어요.

⑤ 가 몇 시에 일어나요?

나 일곱 시에 일어나요.

⑥ 가 오늘 몇 시에 퇴근해요?

나 여섯 시에 퇴근해요.

⑦ 가 어디에 가요?

나 친구 집에 가요.
친구 집에서 게임을 해요.

⑧ 가 영화가 어때요?

나 재미있어요.

**2 다음과 같이 이야기해 봐요.**
围绕以下内容聊一聊。

홍대, 친구, 만나다

가 어제 뭐 했어요?
나 홍대에서 친구를 만났어요.

① 도서관, 책, 읽다

② 회사, 일하다

③ 집, 음악, 듣다

④ 동대문, 쇼핑하다

⑤ 한국 음식, 만들다

⑥ 운동하다

⑦ 강남, 영화, 보다

⑧ 쉬다

| | ⑨ | 좋다 | ⑩ | 재미없다 |
|---|---|---|---|---|
| **맛있다** | ⑪ | 예쁘다 | ⑫ | 어렵다 |
| 가 어땠어요? | ⑬ | 바쁘다 | ⑭ | 힘들다 |
| 나 맛있었어요. | ⑮ | 비싸다 | ⑯ | 크다 |

**3** 어제 어디에 갔어요? 누구하고 갔어요? 거기에서 무엇을 했어요? 그림을 보고 이야기해 봐요.
昨天去了哪里？跟谁一起去的？在那里做了什么？看图说一说。

**4** 여러분은 어제 무엇을 했어요? 친구하고 이야기해 봐요.
大家昨天做了什么？跟朋友聊一聊。

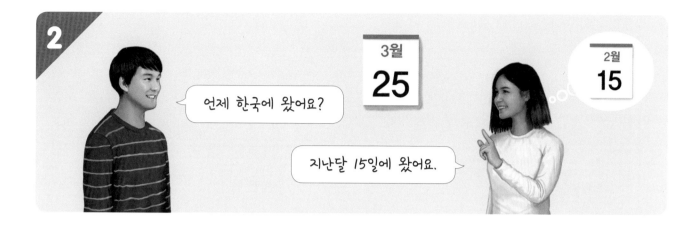

**1** 다음과 같이 이야기해 봐요.
围绕以下内容聊一聊。

| 한국에 오다 | 가 언제 한국에 왔어요? | 친구를 만나다 | 가 언제 친구를 만나요? |
|---|---|---|---|
| 작년 | 나 작년에 왔어요 | 7. 29. | 나 7월 29일에 만나요. |

① 가방을 사다 / 지난달
② 영화를 보다 / 다음 주
③ 쇼핑을 하다 / 모레
④ 부모님한테 전화하다 / 지난주
⑤ 한국 음식을 먹다 / 그저께
⑥ 중국에 가다 / 내년
⑦ 친구하고 놀다 / 10. 7.
⑧ 학교에 가다 / 5. 10.

**2** 오늘은 2022년 10월 20일이에요. 달력을 보고 다음과 같이 이야기해 봐요.
今天是2022年10月20日。看看日历，聊聊以下内容。

2021년 10월 23일
한국!!

가 언제 한국에 왔어요?
나 작년에 왔어요.

①

2022년 9월 20일
영화~★

②

2022년 10월 13일
운동!

③

2022년 10월 18일
쇼핑~*

④

2022년 10월 19일
친구♥

⑤

2022년 10월 27일
한국음식!

⑥

2022년 11월 20일
부모님~

**3** 여러분은 지난달에 무엇을 했어요? 내일 무엇을 해요? 친구하고 이야기해 봐요.
大家上个月做了什么? 明天要做什么? 跟朋友聊一聊。

| 지난달 | 지난주 | 그저께 | 내일 |
|---|---|---|---|

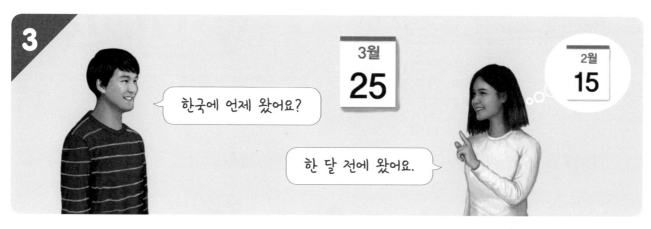

**기간** 期间, 时间

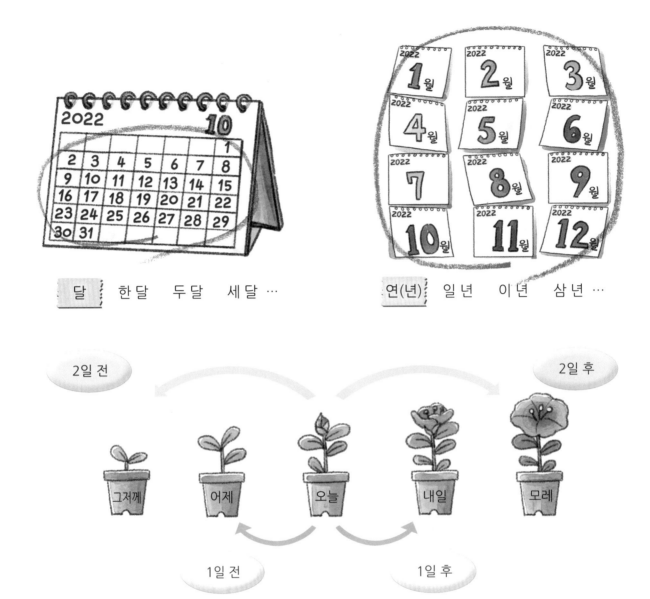

달 한 달 두 달 세 달 …

연(년) 일 년 이 년 삼 년 …

2일 전

2일 후

그저께 어제 오늘 내일 모레

1일 전 1일 후

**1** 다음과 같이 이야기해 봐요.
围绕以下内容聊一聊。

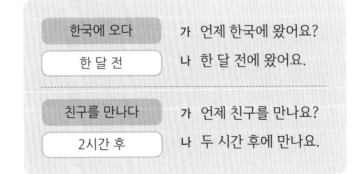

| 한국에 오다 | 가 언제 한국에 왔어요? |
| 한 달 전 | 나 한 달 전에 왔어요. |

| 친구를 만나다 | 가 언제 친구를 만나요? |
| 2시간 후 | 나 두 시간 후에 만나요. |

| ① | 운동을 하다 | 1주일 전 | | ② | 부산에 가다 | 1년 전 |
|---|---|---|---|---|---|---|
| ③ | 쇼핑을 하다 | 2일 전 | | ④ | 영화를 보다 | 3시간 후 |
| ⑤ | 부모님을 만나다 | 두 달 후 | | ⑥ | 선생님한테 전화하다 | 30분 후 |

**2** 수첩을 보고 다음과 같이 이야기해 봐요.
看看手册，围绕下面的内容聊一聊。

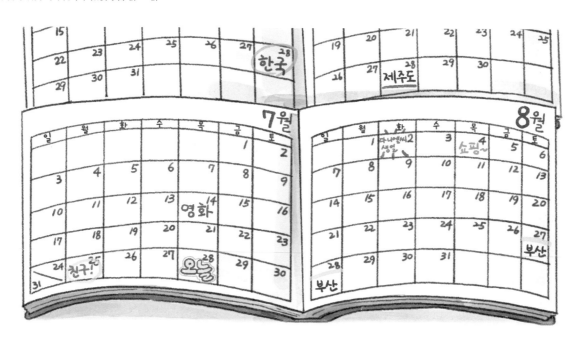

① 한국          ② 영화

③ 친구          ④ 부산

| 제주도 | 쇼핑 |
|---|---|
| 가 제주도에 언제 갔어요? | 가 쇼핑을 언제 해요? |
| 나 한 달 전에 갔어요. | 나 일주일 후에 해요. |

**3** 여러분은 언제 했어요? 친구하고 이야기해 봐요.
大家是什么时候做的？跟朋友聊一聊。

| 한국에 오다 | 운동을 하다 | 친구하고 놀다 | 부모님한테 전화하다 | |
|---|---|---|---|---|

1) 가 지난주 토요일에 뭐 했어요?

　　나 영화를 보고 쇼핑했어요.

2) 가 한국에서 무엇을 했어요?

　　나 한국 친구를 사귀고 한국 음식을 먹었어요.
　　　　　　　　　↳ 사귀다 交往

3) 가 한국 생활이 어때요?

　　나 아주 재미있고 좋아요.
　　　　↳ 非常

4) 가 한국어 공부가 어때요? 힘들어요?

　　나 아니요, 괜찮아요. 수업도 재미있고 친구들도 좋아요.
　　　　　　↳ 괜찮다 还可以

| -고 ▼ 🔍 |
| --- |
| • 둘 이상의 대등한 내용을 나열함을 나타낸다.<br>　表示罗列两种以上对等的内容。 |

**1** 다음과 같이 이야기해 봐요.
围绕以下内容聊一聊。

| 운동을 하다, 집에서 쉬다 | 가 어제 뭐 했어요?<br>나 운동을 하고 집에서 쉬었어요. |
| --- | --- |

① 동대문에서 쇼핑을 하다, 영화를 보다

② 집에서 음악을 듣다, 음식을 만들다

③ 도서관에서 책을 읽다, 친구를 만나다

④ 카페에서 커피를 마시다, 백화점에 가다

## 2 다음과 같이 이야기해 봐요.
围绕以下内容聊一聊。

① 선생님 | 재미있다, 좋다

② 저 식당 | 싸다, 맛있다

③ 우리 학교 | 크다, 예쁘다

④ 한국 생활 | 일이 많다, 조금 힘들다

이 가방 | 싸다, 좋다

가 이 가방이 어때요?

나 싸고 좋아요.

## 3 여러분은 보통 무엇을 해요? 친구하고 이야기해 봐요.
大家通常做些什么? 跟朋友聊一聊。

## 4 여러분은 한국 생활이 어때요? 친구하고 이야기해 봐요.
大家的韩国生活如何? 跟朋友聊一聊。

# 한 번 더 연습해요 再练习一遍

**1** 다음 대화를 들어 보세요. 听听下面的对话。 **072**

　　1) 두 사람은 무엇에 대해 이야기해요? 两个人在聊什么话题?

　　2) 웨이 씨는 언제 한국에 왔어요? 王伟是什么时候来韩国的?

　　3) 웨이 씨는 한국 생활이 어때요? 王伟觉得韩国的生活怎么样?

**2** 다음 대화를 연습해 보세요. 练习下面的对话。

 웨이 씨, 언제 한국에 왔어요?

지난달에 왔어요.

 한국에서 무엇을 했어요?

한국어를 공부하고 한국 친구를 사귀었어요.

 한국 생활이 어때요?

재미있고 좋아요.

**3** 여러분도 이야기해 보세요. 大家也聊一聊。

| 1) | 일주일 전 |
|---|---|
| 나 | 홍대에서 쇼핑을 하다 |
| | 재미있다 |

| 2) | 작년 |
|---|---|
| 나 | 회사에서 일하다 |
| | 조금 바쁘다, 힘들다 |

| 3) | 두 달 전 |
|---|---|
| 나 | 한국 친구를 사귀다 |
| | 재미있다, 좋다 |

이제 해 봐요 现在试一试

들어요

**1** 다음은 한국 생활에 대한 대화입니다. 잘 듣고 질문에 답해 보세요.
以下是围绕韩国生活展开的对话，请认真听，然后回答问题。

1) 무함마드 씨는 언제 한국에 왔어요? 쓰세요.
穆罕默德是什么时候来韩国的？

2) 카밀라 씨는 한국에서 무엇을 했어요? 쓰세요.
卡米拉在韩国时做了什么？请写下来。

읽어요

**1** 다음은 한국 생활에 대한 글입니다. 잘 읽고 질문에 답해 보세요.
以下是关于韩国生活的短文，请认真听，然后回答问题。

저는 지난달에 한국에 왔어요. 그때 친구가 없었어요. 그래서 조금 힘들었어요. 그 후 저 →那时候
는 친구들을 많이 사귀었어요. 친구들하고 놀고 이야기도 많이 하고 공부도 했어요. 지금
은 한국 생활이 아주 재미있고 좋아요.

1) 이 사람은 언제 한국에 왔어요?
这个人是什么时候来韩国的？

2) 이 사람은 한국에서 무엇을 했어요?
这个人在韩国的时候做了些什么？

3) 이 사람은 지금 한국 생활이 어때요?
这个人觉得现在在韩国的生活如何？

**말해요**

**1** 여러분의 한국 생활에 대해 이야기해 보세요.
请大家围绕在韩国的生活聊一聊。

1) 언제 한국에 왔어요? 한국에서 무엇을 했어요? 한국 생활이 어때요? 생각해 보세요.
什么时候来韩国的? 在韩国的时候做了些什么? 觉得现在在韩国的生活如何? 想一想如何回答。

2) 한국 생활에 대해 친구하고 이야기하세요.
围绕在韩国的生活聊一聊。

**써요**

**1** 여러분은 한국 생활이 어때요? 글을 써 보세요.
大家的韩国生活如何? 请写下来。

1) 말하기에서 이야기한 내용을 바탕으로 글을 쓰세요.
围绕 '说一说' 练习中谈到的内容, 写一篇短文。

# 문화 한국 생활, 대박! 韩国生活，真棒！

● 한국에 온 외국인이 놀라고 좋아하는 것에는 무엇이 있을까요?
来到韩国的外国人最为吃惊也最为喜欢的是什么呢？

外国人在韩国最吃惊也最羡慕的三点

1. 24小时便利店。无论何时何地都能很容易地找到便利店，夜晚也不停业。

2. 外卖文化。无论在家还是户外，只要拿起电话点好想吃的东西就会即刻送到。最近还可以用手机APP点餐。

3. 超高速的网络。无论是地铁、餐厅还是咖啡厅，几乎所有地方都有wifi信号覆盖！

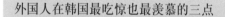
便利安全的大众交通、免费添加配菜，以及不付小费的文化也深受欢迎

● 여러분 나라는 어때요? 여러분 나라의 좋은 점도 소개해 주세요.
大家的国家如何？请介绍一下大家的国家都有哪些优点。

이번 과 공부는 어땠어요? 별점을 매겨 보세요!
这一课学习得如何？请用星星打个分！

자기 평가
自我评价

| 한국 생활에 대해 묻고 답할 수 있어요? | ☆☆☆☆☆ |
|---|---|

# 8

# 음식

食物

인기 메뉴

불고기
계절 별미
된장찌개

계절 별미

💡 **생각해 봐요** 想一想　　🔊 081

**1** 두 사람은 어디에 있어요?
　 两个人在哪里?

**2** 여러분은 무슨 한국 음식을 먹었어요?
　 大家吃过哪些韩国食物?

🚲 **학습 목표** 学习目标

**음식에 대해 묻고 답할 수 있다.**
能针对食物进行提问和回答。

● 음식, 맛
● -(으)ㄹ래요, -(으)세요
● 음식 주문하기

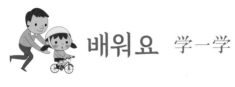

# 배워요 学一学

어제 뭐 먹었어요?

비빔밥을 먹었어요.

**음식** 食物

비빔밥

김치찌개

된장찌개

순두부찌개

갈비탕

삼계탕

불고기

삼겹살

냉면

국수

밥

김치

김밥　라면

떡볶이　만두

치킨　돈가스

피자　햄버거

**1** 다음과 같이 이야기해 봐요.
围绕以下内容聊一聊。

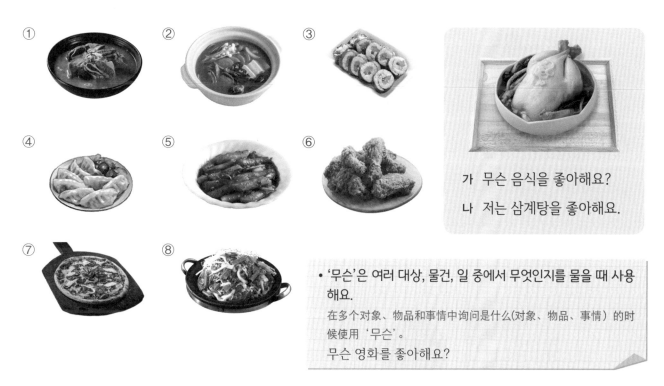

① ② ③

④ ⑤ ⑥

⑦ ⑧

가　무슨 음식을 좋아해요?

나　저는 삼계탕을 좋아해요.

• '무슨'은 여러 대상, 물건, 일 중에서 무엇인지를 물을 때 사용해요.
在多个对象、物品和事情中询问是什么(对象、物品、事情）的时候使用 '무슨'。
무슨 영화를 좋아해요?

**2** 여러분은 무슨 음식을 좋아해요? 무슨 음식을 안 좋아해요? 친구하고 이야기해 봐요.
大家喜欢哪种食物？不喜欢哪种食物？跟朋友聊一聊。

## 맛 味道

짜다

달다

시다

쓰다

맵다

싱겁다

**1** 다음과 같이 이야기해 봐요.
围绕以下内容聊一聊。

맵다 ○

가 김치가 매워요?
나 네, 조금 매워요.

달다 ✕

가 김치가 달아요?
나 아니요, 안 달아요.

① 짜다 ○

② 달다 ✕

③ 맵다 ○

④ 레몬 시다 ○

⑤ 쓰다 ✕

⑥ 맵다 ✕

⑦ 달다 ○

⑧ 짜다 ✕

⑨ 쓰다 ○

**2** 무엇이 매워요? 무엇이 짜요? 친구하고 이야기해 봐요.
什么东西辣？什么东西咸？跟朋友聊一聊。

**3**

뭐 먹을래요?

만두를 먹을래요.

1) 가 뭐 먹을래요?
   나 저는 김밥을 먹을래요.

2) 가 저는 커피를 마실래요. 두엔 씨는 뭐 마실래요?
   나 저도 커피를 마실래요.

3) 가 오늘도 도서관에 가요?
   나 아니요, 안 갈래요. 집에서 쉴래요.

> • '도'는 앞의 것에 뒤의 것이 더해짐을 나타내요.
> '도' 表示后面的事物也跟前面的一样。
>
> 가 저는 학생이에요.
> 나 저도 학생이에요.

| -(으)ㄹ래요 | ▼ Q |
|---|---|

• 자신의 의향을 말하거나 상대방의 의향을 물을 때 사용한다.
  在表示自身意向或询问对方意向时使用。

| 받침이 있을 때 | -을래요 | 먹을래요 |
|---|---|---|
| 받침이 없거나 'ㄹ' 받침일 때 | -ㄹ래요 | 갈래요<br>만들래요 |

**1** 다음과 같이 이야기해 봐요.
围绕以下内容聊一聊。

가 뭐 먹을래요?
나 떡볶이를 먹을래요.

먹다

마시다

**2** 다음과 같이 이야기해 봐요.
围绕以下内容聊一聊。

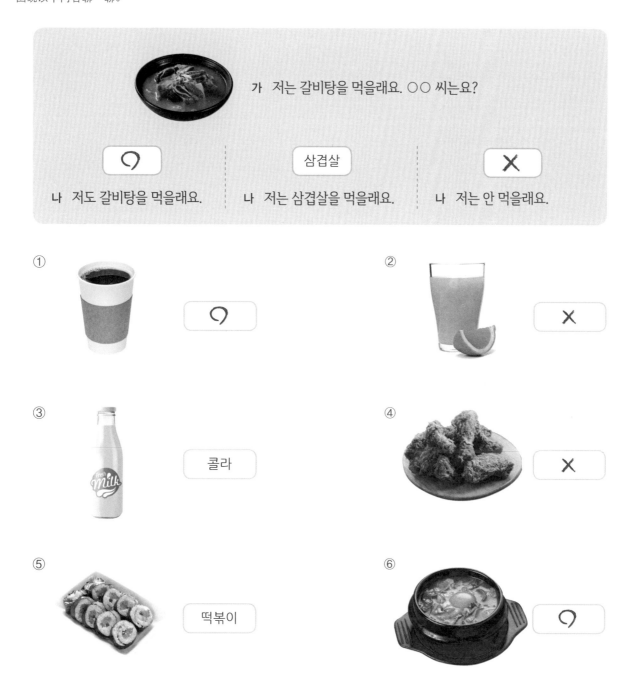

가  저는 갈비탕을 먹을래요. ○○ 씨는요?

ㅇ              삼겹살              ✕

나  저도 갈비탕을 먹을래요.    나  저는 삼겹살을 먹을래요.    나  저는 안 먹을래요.

①          ㅇ

②          ✕

③          콜라

④          ✕

⑤          떡볶이

⑥          ㅇ

**3** 여러분은 오늘 무엇을 할래요? ✔ 하고 이야기해 봐요.
大家今天想要做什么? 请用 ✔ 勾选出来, 然后聊一聊。

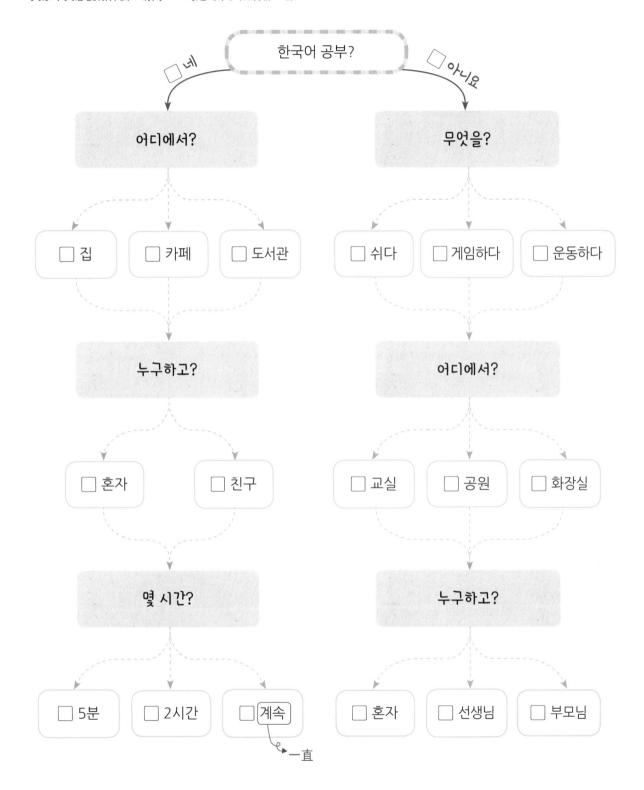

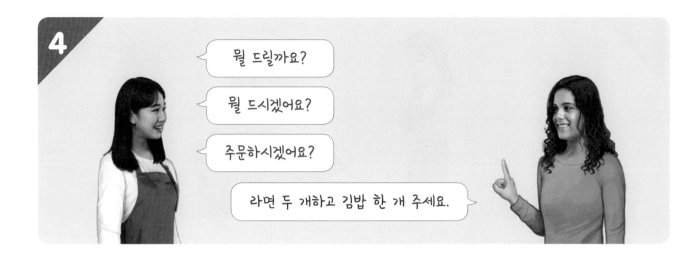

## 4

뭘 드릴까요?

뭘 드시겠어요?

주문하시겠어요?

라면 두 개하고 김밥 한 개 주세요.

• 음식을 주문할 때 '한 개'를 '하나'로도 말할 수 있어요.
在点餐时，'한 개(一个)' 也可以说成 '하나(一)'。

**1 다음 메뉴를 보고 친구하고 이야기해 봐요.**
看看下面的菜单，跟朋友聊一聊。

①

| 메 뉴 | 개수 |
|-------|------|
| 김치찌개 | |
| 순두부찌개 | 1 |
| 된장찌개 | 1 |
| | |
| | |

②

| 메 뉴 | 개수 |
|-------|------|
| 햄버거 | 2 |
| 치킨 | |
| 콜라 | 2 |
| 주스 | |

③

| 메 뉴 | 개수 |
|-------|------|
| 라면 | |
| 만두 | 1 |
| 떡볶이 | 2 |
| | |
| | |

④

| 메 뉴 | 개수 |
|-------|------|
| 삼계탕 | |
| 갈비탕 | |
| 냉면 | 3 |
| | |
| | |

**5**

뭘 드시겠어요?

냉면 주세요.

1) 가 주문하시겠어요?

　　나 네, 불고기 삼 인분 주세요.

2) 가 이 식당은 뭐가 맛있어요?

　　나 김치찌개가 맛있어요. 김치찌개를 드세요.

기다리다 等待

3) 가 여기에서 기다리세요.

　　나 네, 알겠어요.

> • 불고기, 삼겹살 같은 음식의 수량은 '인분'으로 말해요.
> 烤牛肉、五花肉等食物的数量用 '인분(人份)' 来表示。

---

**- (으)세요** ▼ 🔍

• 상대방에게 그 행동을 하도록 명령할 때 사용한다.
命令对方做出该行动时使用。

• '먹다', '마시다'는 '드세요'로, '자다'는 '주무세요'로 쓴다.
'먹다(吃)' '마시다(喝)' 以 '드세요(请用)', '자다(睡觉)' 以 '주무세요(请就寝)' 来使用。

---

**1** 다음과 같이 이야기해 봐요. 围绕以下内容聊一聊。

① 　②

가 뭘 드릴까요?

나 비빔밥 주세요.

③ 　④ 　⑤ 　⑥

**2** 다음과 같이 이야기해 봐요.
围绕以下内容聊一聊。

> 가 책을 읽으세요.
>
> 나 네, 알겠어요.

| ✔ 책 | 물 | 공책 | 먹다 | 선생님 | 이야기 | 여기 |
|------|-----|------|------|--------|--------|------|
| 쓰다 | 이름 | 카페 | 만두 | 칠판 | 음악 | 이야기하다 |
| 오늘 | 과자 | 친구 | 전화하다 | 저녁 | 듣다 | 옷 |
| 마시다 | 집 | 주스 | 갈비탕 | ✔ 읽다 | 커피 | 내일 |

**3** 친구의 말을 듣고 그대로 하세요.
听朋友说的话，并直接照做。

한 번 더 연습해요 再练习一遍

**1** 다음 대화를 들어 보세요.
听听下面的对话。

1) 여기는 어디예요?
这是哪里?

2) 두 사람은 무엇을 먹어요?
两个人在吃什么?

3) 순두부찌개는 맛이 어때요?
嫩豆腐汤味道怎么样?

**2** 다음 대화를 연습해 보세요.
练习下面的对话。

 지아 씨, 뭐 먹을래요?

저는 순두부찌개를 먹을래요.

 순두부찌개는 맛이 어때요?

조금 매워요. 그렇지만 맛있어요.

 매워요? 그럼 저는 삼계탕을 먹을래요.

**3** 여러분도 이야기해 보세요.
大家也聊一聊。

1)

2)

3)

이제 해 봐요 现在试一试

 들어요

**1** 다음은 식당에서의 대화입니다. 잘 듣고 질문에 답해 보세요.
以下是发生在餐厅的对话，请认真听，然后回答问题。

1) 두 사람은 무엇을 먹어요? ✔ 하세요.
两个人在吃什么？请用 ✔ 勾选出来。

| 메 뉴 | 개수 |
|--------|------|
| 김치찌개 | |
| 된장찌개 | |
| 갈비탕 | |
| 비빔밥 | |
| 냉면 | |

2) 들은 내용과 같으면 ◯, 다르면 ✕에 표시하세요.
与听到的内容一致时用 ◯，不同时用 ✕ 表示。

① 여자는 갈비탕을 좋아해요.          ◯   ✕

② 이 식당 비빔밥은 안 매워요.          ◯   ✕

 말해요

**1** 메뉴를 보고 음식을 주문하는 대화를 해 보세요.
请以看菜单点餐为内容进行对话。

1) 메뉴를 보세요. 무슨 음식이 있어요? 무엇을 먹을래요?
请看菜单，都有什么食物？想吃点什么？

2) 식당 종업원하고 손님이 되어서 이야기하세요.
扮成餐厅服务员来和顾客聊一聊。

| MENU | |
|---|---|
| 비빔밥 · · · · · | 8,000 |
| 김치찌개 · · · · | 8,000 |
| 된장찌개 · · · · | 8,000 |
| 순두부찌개 · · · | 8,000 |
| 갈비탕 · · · · · | 10,000 |
| 김치 국수 · · · | 5,000 |

| MENU | |
|---|---|
| 떡볶이 · · · · · | 5,000 |
| 만두 · · · · · · | 5,000 |
| 김밥 · · · · · · | 4,000 |
| 라면 · · · · · · | 4,000 |

읽어요

**1** 다음은 두엔 씨가 한국 음식을 소개하는 글입니다. 잘 읽고 질문에 답해 보세요.
以下是杜安介绍韩国食物的短文，请仔细阅读，然后回答问题。

저는 베트남 사람이에요. 한국에 두 달 전에 왔어요. 저는 한국 음식을 안 먹고, 보통 베트남 음식을 먹어요. 한국 음식은 많이 매워요. 어제는 한국 친구하고 한국 식당에 갔어요. 거기에서 불고기를 처음 먹었어요. 불고기는 안 매웠어요. 아주 맛있었어요.

处음 → 首次

1) 두엔 씨는 보통 한국 음식을 먹어요?
   杜安通常会吃韩国食物吗？



2) 두엔 씨는 어제 무엇을 먹었어요?
   杜安昨天吃了什么？



3) 그 음식은 어땠어요?
   那种食物怎么样？

써요

**1 여러분이 먹은 한국 음식에 대해 써 보세요.**

针对大家吃过的韩国食物写一篇短文。

1) 여러분이 먹은 음식 중에서 무엇이 제일 맛있었어요? 메모하세요.

在大家吃过的食物中最好吃的是什么？请记下来。

| | |
|---|---|
| 무엇을 먹었어요? | |
| 어디에서 먹었어요? | |
| 맛이 어땠어요? | |
| 별점 | ☆ ☆ ☆ ☆ ☆ |

2) 메모한 내용을 바탕으로 글을 쓰세요.

以记录的内容写一篇短文。

## 문화 한국인이 좋아하는 한국 음식
韩国人喜欢的韩国食物

● 여러분은 무슨 한국 음식을 좋아해요? 한국 사람들은 무슨 한국 음식을 좋아할까요?
大家喜欢吃哪种的韩国食物呢？韩国人又喜欢哪种的韩国食物呢？

韩国人最喜欢的韩国食物是 김치찌개(泡菜汤)，第二是 된장찌개(大酱汤)，第三是大家也非常喜欢的 불고기(烤牛肉)。除此之外韩国人喜欢的韩国食物依次是 치킨(炸鸡)、비빔밥(拌饭)、잡채(杂菜)和 삼겹살(五花肉)。

● 여러분은 이 중에서 무엇을 먹어 보고 싶어요? 여러분 나라에서 인기 있는 음식은 무엇이에요?
这些食物大家想吃的有哪些呢？在大家的国家里最受欢迎的食物都有哪些？

이번 과 공부는 어땠어요? 별점을 매겨 보세요!
这一课学习得如何？请用星星打个分！

자기 평가
自我评价

음식에 대해 묻고 답할 수 있어요?  ☆☆☆☆☆

# 9

# 휴일

假期

생각해 봐요 想一想　091

1 웨이 씨와 두엔 씨는 주말에 무엇을 했어요?
王伟和杜安周末做了什么?

2 여러분은 주말에 무엇을 해요?
大家周末做什么?

학습 목표 学习目标

**휴일 활동에 대해 묻고 답할 수 있다.**
能谈论假期活动。

● 쉬는 날, 휴일 활동
● -(으)ㄹ 것이다, -고 싶다

배워요 学一学

휴일이 언제예요?

13일이에요.

쉬는 날 休息日

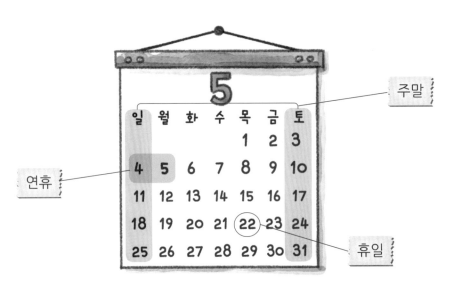

주말

연휴

휴일

휴가

방학

**1** 달력을 보고 다음과 같이 이야기해 봐요. 看着日历进行如下对话。

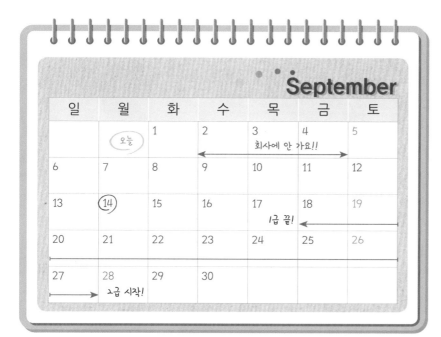

가 연휴가 언제예요?

나 12일부터 14일까지예요.

① 휴가

② 방학

- 기간이나 시간의 처음과 끝을 같이 말할 때는 '(언제)부터 (언제)까지'를 사용해요.
  一段期间或时间从开始到结束用 '(언제)부터 (언제)까지' 来表达。
  9시부터 1시까지 한국어를 공부해요.

**2** 여러분은 휴일이 언제예요? 방학이 언제부터 언제까지예요? 친구하고 이야기해 봐요.
大家什么时候放假? 学校放假是从什么时候到什么时候? 跟朋友聊一聊。

집에서 쉬다

청소하다

빨래하다

게임을 하다

산책하다

쇼핑하다

구경하다

사진을 찍다

영화를 보다

춤을 배우다

요리를 배우다

콘서트에 가다

놀이공원에 가다

박물관에 가다

고향에 가다

여행을 가다

**1** 다음과 같이 이야기해 봐요.
围绕以下内容聊一聊。

가 지난 주말에 뭐 했어요?

나 영화를 봤어요.

①   ②

③   ④   ⑤

⑥   ⑦   ⑧

**2** 여러분은 지난 주말에 무엇을 했어요? 친구하고 이야기해 봐요.
大家上周末做了什么? 跟朋友聊一聊。

**3**

이번 주말에 뭐 할 거예요?

콘서트에 갈 거예요.

1) 가 주말에 무엇을 할 거예요?
   나 친구하고 놀 거예요.

2) 가 언제 고향에 갈 거예요?
   나 다음 달에 갈 거예요.

3) 가 내일 뭐 할 거예요?
   나 공원에 갈 거예요. 거기에서 산책을 하고 사진도 찍을 거예요.

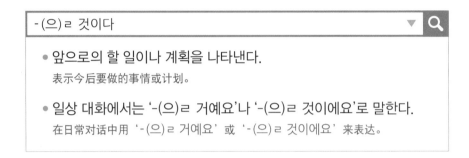

- 앞으로의 할 일이나 계획을 나타낸다.
  表示今后要做的事情或计划。

- 일상 대화에서는 '-(으)ㄹ 거예요'나 '-(으)ㄹ 것이에요'로 말한다.
  在日常对话中用 '-(으)ㄹ 거예요' 或 '-(으)ㄹ 것이에요' 来表达。

**1 다음과 같이 이야기해 봐요.**
围绕以下内容聊一聊。

① 주말 / 놀이공원, 가다

② 방학 / 고향, 가다

③ 내년 / 여행, 가다

④ 오늘 / 집, 책, 읽다

⑤ 주말 / 친구 집, 저녁, 먹다

⑥ 이번 휴일 / 한강, 사진, 찍다

⑦ 일요일 / 강남, 친구, 놀다

⑧ 내일 / 집, 음악, 듣다

⑨ 오늘 저녁 / 부모님, 전화하다

⑩ 다음 주 / 콘서트, 가다

⑪ 다음 달 / 한국 요리, 배우다

⑫ 오후 / 집, 있다

주말 | 친구, 만나다
가 주말에 뭐 할 거예요?
나 친구를 만날 거예요.

**2** 여러분은 무엇을 할 거예요? 친구하고 이야기해 봐요.
大家要做什么? 跟朋友聊一聊。

수업 후          내일          이번 주말

주말에 뭐 하고 싶어요?

놀이공원에 가고 싶어요.

1) 가 이번 휴일에 뭐 하고 싶어요?
   나 저는 인사동을 구경하고 싶어요.

2) 가 저는 연휴에 고향에 갈 거예요. 카밀라 씨는요?
   나 저도 고향에 가고 싶어요. 그렇지만 일이 많아요.
                                    → 然而, 可是

3) 가 하준 씨, 생일 축하해요. 이거 선물이에요.
   나 저도 이 책 읽고 싶었어요. 고마워요.          → 礼物
                      → 祝贺生日快乐

-고 싶다                                    ▼  Q

• 말하는 사람의 희망이나 바람을 나타낸다.
  表示说话人的希望或愿望。

**1** 다음과 같이 이야기해 봐요.
围绕以下内容聊一聊。

| 방학 |
| --- |
| 콘서트, 가다 |

가 방학에 뭐 하고 싶어요?
나 콘서트에 가고 싶어요.

① 휴일 | 서울, 구경하다
② 방학 | 여행, 가다
③ 연휴 | 집, 쉬다
④ 주말 | 친구, 놀이공원, 가다
⑤ 방학 | 춤, 배우다
⑥ 휴일 | 공원, 사진, 찍다

**2** 여러분은 무엇을 하고 싶어요? 친구들하고 이야기해 봐요.
大家想要做什么? 跟朋友聊一聊。

이번 주말          연휴          방학

● 그림을 보고 남자가 되어 이야기해 봐요.
看图并站在男人的角度聊一聊。

# 한 번 더 연습해요 再练习一遍

**1** 다음 대화를 들어 보세요.
听听下面的对话。

1) 두 사람은 무엇에 대해 이야기해요?
   两个人在聊什么话题?

2) 두 사람은 방학에 무엇을 할 거예요?
   两个人假期要做什么?

**2** 다음 대화를 연습해 보세요.
练习下面的对话。

이번 방학에 뭐 할 거예요?

저는 여행을 갈 거예요.

어디에 갈 거예요?

제주도에 갈 거예요.
두엔 씨는 뭐 할 거예요?

고향 친구를 만나고 싶어요.
그래서 고향에 갈 거예요.

**3** 여러분도 이야기해 보세요.
大家也聊一聊。

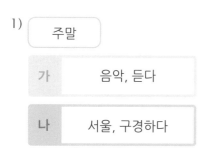

1) 주말

| 가 | 음악, 듣다 |
| 나 | 서울, 구경하다 |

2) 연휴

| 가 | 친구, 놀다 |
| 나 | 콘서트, 가다 |

3) 방학

| 가 | 여행, 가다 |
| 나 | 요리, 배우다 |

이제 해 봐요 现在试一试

 **1** 다음은 휴일 활동에 대한 대화입니다. 잘 듣고 질문에 답해 보세요.
들어요
以下是关于假期活动的对话。请认真听，然后回答问题。

1) 남자의 휴가는 언제예요? 쓰세요.
男人的休假是什么时候？请写出来。

2) 남자는 휴가에 무엇을 할 거예요? 모두 고르세요.
男人打算在休假时做什么？请全部选出来。

① 　　　　②

③ 　　　　④

⑤ 　　　　⑥

말해요

**1** 여러분의 휴일 계획을 이야기해 보세요.
请说说大家的假期计划。

1) 달력을 보세요. 다음 휴일, 연휴, 방학이 언제예요? 확인하세요.
请看日历，下一个休息日、长假、假期是什么时候？请确认一下。

2) 여러분은 그때 무엇을 할 거예요? 메모하세요.
那时大家会做什么？请记下来。

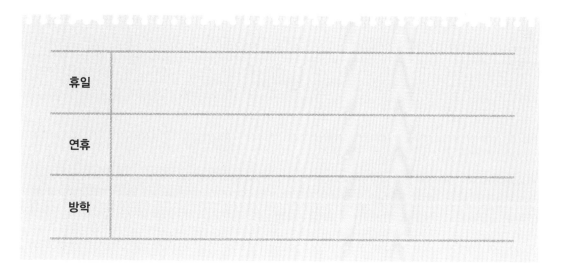

| 휴일 | |
| --- | --- |
| 연휴 | |
| 방학 | |

3) 메모를 바탕으로 친구하고 이야기하세요.
以记下的内容跟朋友聊一聊。

읽어요

**1** 다음은 미아 씨의 방학 계획에 대한 글입니다. 잘 읽고 질문에 답해 보세요.
下面是关于米娅假期计划的短文。请仔细阅读，然后回答问题。

저는 두 달 전에 한국에 왔어요. 서울을 구경하고 싶었어요. 그렇지만 수업이 많았어요. 조금 바빴어요. 다음 주 화요일부터 방학이에요. 저는 방학에 친구하고 서울을 구경할 거예요. 경복궁하고 한강 공원에 갈 거예요. 거기에서 사진을 많이 찍고 싶어요.

1) 미아 씨는 방학이 언제예요?
   米娅什么时候放假?


2) 미아 씨는 방학에 무엇을 할 거예요?
   米娅放假时打算做什么?

써요

**1** 여러분의 방학 계획을 써 보세요.
写一写大家的假期计划。

1) 방학에 무엇을 할 거예요? 메모하세요.
   放假打算做些什么? 请记下来。

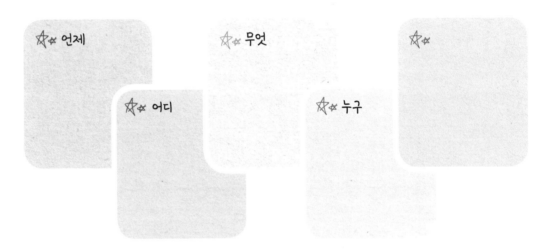

☆ 언제

☆ 어디

☆ 무엇

☆ 누구

☆

2) 메모한 내용을 바탕으로 글을 쓰세요.
   以记录的内容写一篇短文。

_____

_____

_____

_____

# 발음 소리 내어 읽기 2 出声朗读 2

● 다음을 읽어 보세요. 시간이 얼마나 걸렸어요?
  请读出下列内容。花了多长时间？

1)
> 어제는 휴일이었어요. 그래서 학교에 안 갔어요. 오전에는 집에서 쉬었어요. 청소를 하고 빨래를 했어요. 오후에는 서울을 구경했어요. 경복궁에도 가고 남산서울타워에도 갔어요. 정말 아름다웠어요. 다음 휴일에는 다른 곳에 가 보고 싶어요.

2)
> 저는 삼 개월 전에 한국에 왔어요. 지금 한국에서 혼자 살아요. 한국 음식을 좋아해서 자주 먹어요. 삼계탕도 좋아하고 비빔밥도 좋아해요. 지난주에는 집에서 비빔밥을 만들었어요. 조금 어려웠지만 재미있었어요. 다음 주에도 한국 음식을 만들 거예요.

● 다시 읽어 보세요. 이번에는 틀리지 말고 정확히 읽어 보세요.
  请再读一次，这次不要读错，准确地读出来。

● 이번에는 30초 안에 읽어 보세요.
  这次请在30秒内读完。

# 10

# 날씨와 계절

## 天气和季节

101

### 생각해 봐요 想一想

**1** 웨이 씨는 어느 계절을 좋아해요?
王伟和智雅喜欢哪个季节?

**2** 여러분은 어느 계절을 좋아해요?
大家喜欢哪个季节?

### 학습 목표 学习目标

**날씨와 계절에 대해 묻고 답할 수 있다**
能对天气和季节进行提问和回答。

● 계절, 날씨, 계절의 특징·활동
● 못, -아서/어서/여서

## 배워요 学一学

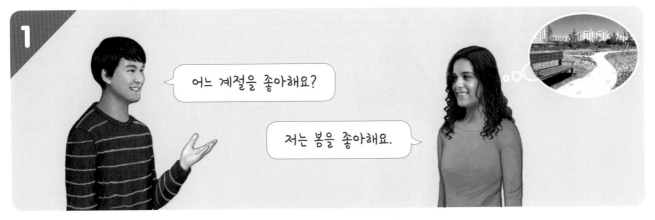

**계절** 季节

봄　여름　가을　겨울

**1** 여러분은 어느 계절을 좋아해요? 어느 계절을 싫어해요? 친구하고 이야기해 봐요.
大家喜欢哪个季节? 讨厌哪个季节? 跟朋友聊一聊。

날씨가 어때요?

더워요.

**날씨** 天气

따뜻하다

맑다

흐리다

덥다

비가 오다

눈이 오다

바람이 불다

시원하다

춥다

날씨가 좋다

날씨가 나쁘다

**1** 다음과 같이 이야기해 봐요.

围绕以下内容聊一聊。

맑다
가 날씨가 맑아요?
나 네, 맑아요.

맑다
가 날씨가 맑아요?
나 아니요, 비가 와요.

① 시원하다

② 날씨가 좋다

③ 따뜻하다

④ 흐리다

⑤ 비가 오다

⑥ 바람이 불다

• '비가 오다', '눈이 오다', '바람이 불다' 앞에는 '날씨가'를 안 써요.
  '비가 오다'、'눈이 오다'、'바람이 불다' 与 '날씨가' 不同时使用。

**2** 날씨가 어때요? 지도를 보고 이야기해 봐요.
天气怎么样? 看着地图进行如下对话。

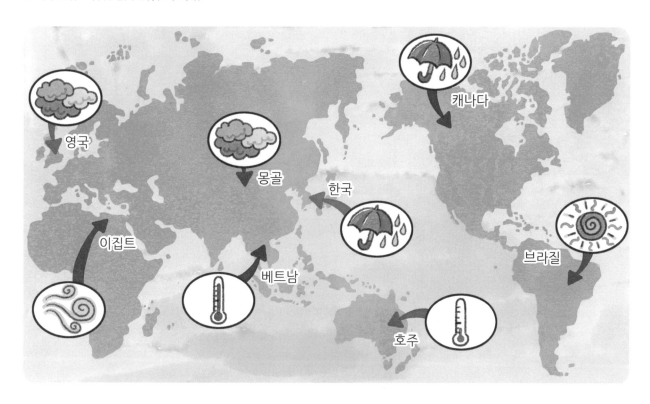

**3** 오늘 날씨가 어때요? 어제 날씨가 어땠어요? 친구하고 이야기해 봐요.
今天的天气怎么样? 昨天的天气怎么样? 跟朋友聊一聊。

봄에 보통 뭐 해요?

꽃구경을 해요.

꽃이 피다

수영하다

단풍이 들다

스키를 타다

꽃구경을 하다

바닷가에 가다

단풍 구경을 하다

눈사람을 만들다

**1** 여러분은 봄, 여름, 가을, 겨울에 보통 무엇을 해요? 친구하고 이야기해 봐요.
大家在春、夏、秋、冬季通常做些什么？跟朋友聊一聊。

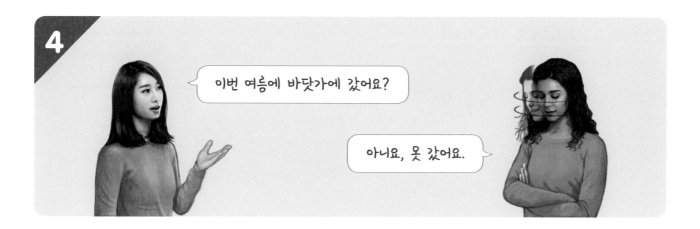

4

이번 여름에 바닷가에 갔어요?

아니요, 못 갔어요.

1) 가 방학에 고향에 갔어요?

　　나 일이 많았어요. 그래서 못 갔어요.

2) 가 두엔 씨, 숙제했어요? ← 숙제하다 做作业

　　나 아니요, 숙제 못 했어요.

3) 가 커피 마실래요?

　　나 아니요, 저는 커피를 안 마셔요. 잠을 못 자요.
　　　　　　　　　　　　　　　　　　　└→ (睡)觉

4) 가 지금 선생님 이야기를 들었어요?

　　나 아니요, 저도 못 들었어요.

| 못 | ▼ 🔍 |
|---|---|

- 동사 앞에 쓰여 어떤 행동을 할 능력이 없거나 할 상황이 안 됨을 나타낸다.
  用于动词之前，表示没有能力或不具备条件做某种行动。

- '명사＋하다'의 동사는 '명사＋못＋하다'의 형태로 쓴다.
  '名词+하다' 动词以 '名词+못+하다' 的形态使用。

**1** 다음과 같이 이야기해 봐요.
围绕以下内容聊一聊。

① 친구, 만나다

② 꽃구경, 하다

③ 많이, 자다

④ 옷, 사다

⑤ 출근하다

⑥ 스키, 타다

⑦ 부모님, 전화하다

⑧ 고향 음식, 먹다

> 단풍 구경, 하다
>
> 가 어제 단풍 구경을 했어요?
>
> 나 아니요, 단풍 구경을 못 했어요.

**2** 한국에서 무엇을 하고 싶었어요? 그것을 했어요? 못 했어요? 다음과 같이 친구하고 이야기해 봐요.
想在韩国做什么来着? 做了吗? 没做吗? 围绕以下内容跟朋友聊一聊。

| | | | |
|---|---|---|---|
| 놀이공원에 가다 | 부산에 가다 | 제주도에 여행을 가다 | 콘서트에 가다 |
| 춤을 배우다 | 한국 요리를 배우다 | 한강 공원에서 치킨을 먹다 | 한국 친구를 사귀다 |
| 홍대에서 놀다 | 경복궁을 구경하다 | 이태원을 구경하다 | ? |

> 가 한국에서 뭐 하고 싶었어요?
>
> 나 부산에 가고 싶었어요. 그렇지만 못 갔어요.

5

봄을 좋아해요?

네, 날씨가 따뜻해서 봄을 좋아해요.

1) 가 왜 여름을 싫어해요?

나 너무 더워서 안 좋아해요.
↳ 太

2) 가 밖에 날씨가 어때요?

나 바람이 많이 불어서 조금 추워요.

3) 가 어제 꽃구경을 잘했어요?
↳ 잘하다 (做得)好

나 아니요, 일이 많아서 못 했어요.

4) 가 오늘 우리 집에 올래요?

나 미안해요. 오늘은 피곤해서 집에 가고 싶어요.
↳ 피곤하다 累

| -아서/어서/여서 | | ▼ 🔍 |
|---|---|---|

• 뒤의 내용에 대한 이유를 나타낸다.

表达对后半句的原因。

| 'ㅏ/ㅗ'일 때 | -아서 | 좋아서 |
|---|---|---|
| 'ㅏ/ㅗ'가 아닐 때 | -어서 | 불어서 |
| '하다'일 때 | -여서 | 하여서 ➡ 해서 |

• 이유를 물을 때는 '왜'로 질문해요.

对原因提问时使用 '왜(为什么)'。

왜 봄을 좋아해요?

**1** 다음과 같이 이야기해 봐요.
围绕以下内容聊一聊。

① 봄 ｜ 꽃이 많이 피다   ② 여름 ｜ 방학이 있다

③ 여름 ｜ 휴가가 있다   ④ 가을 ｜ 안 덥다

⑤ 가을 ｜ 단풍이 들다   ⑥ 겨울 ｜ 눈이 오다

봄

따뜻하다

가 왜 봄을 좋아해요?
나 따뜻해서 좋아해요.

**2** 다음과 같이 이야기해 봐요.
围绕以下内容聊一聊。

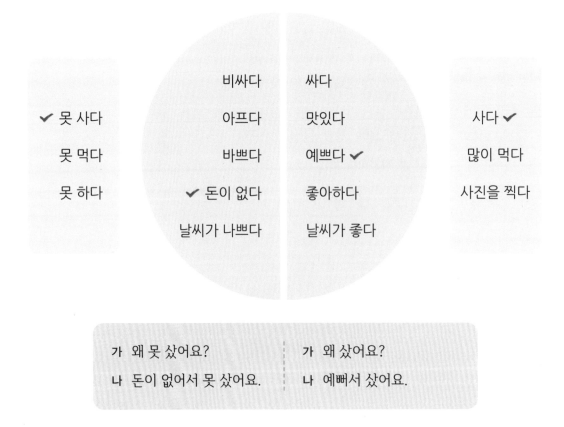

✔ 못 사다          비싸다    싸다          사다 ✔
못 먹다            아프다    맛있다         많이 먹다
못 하다            바쁘다    예쁘다 ✔       사진을 찍다
                 ✔ 돈이 없다  좋아하다
                 날씨가 나쁘다  날씨가 좋다

가 왜 못 샀어요?        가 왜 샀어요?
나 돈이 없어서 못 샀어요.   나 예뻐서 샀어요.

**3** 여러분은 왜 한국어를 배워요? 친구하고 이야기해 봐요.
大家为什么学习韩国语？跟朋友聊一聊。

# 한 번 더 연습해요 再练习一遍

**1** 다음 대화를 들어 보세요.
听听下面的对话。

1) 웨이 씨는 어제 무엇을 했어요? 어땠어요?
王伟昨天做什么了？进行得怎么样？

2) 두엔 씨는 왜 못 갔어요?
杜安为什么没去？

**2** 다음 대화를 연습해 보세요.
练习下面的对话。

웨이 씨, 어제 단풍 구경을 잘했어요?

네, 단풍이 예쁘고 날씨도 시원해서 아주 좋았어요.
그런데 두엔 씨는 왜 안 왔어요?

저는 아파서 못 갔어요.

**3** 여러분도 이야기해 보세요.
大家也聊一聊。

| 1) 꽃구경, 잘하다 | 2) 바닷가, 가다 | 3) 스키, 타다 |
|---|---|---|
| 가　바쁘다 | 가　일, 있다 | 가　숙제, 있다 |
| 나　꽃, 많이 피다 / 날씨, 맑다 | 나　수영, 하다 / 날씨, 좋다 | 나　눈, 많이 오다 / 재미있다 |

이제 해 봐요 现在试一试

 들어요

**1** 다음은 좋아하는 계절에 대한 대화입니다. 잘 듣고 질문에 답해 보세요.
以下是关于喜欢的季节的对话。请认真听，然后回答问题。

1) 두 사람은 어느 계절을 좋아해요?
两个人喜欢什么季节？请写下来。

| 카밀라 | | 하준 | |
|---|---|---|---|

2) 들은 내용과 같으면 ◯, 다르면 ✕에 표시하세요.
与听到的内容一致时用 ◯, 不同时用 ✕ 表示。

① 카밀라 씨는 한국에서 꽃구경을 했어요.　◯　✕

② 하준 씨는 스키를 좋아해요.　◯　✕

 말해요

**1** 여러분은 어느 계절을 좋아해요? 어느 계절을 싫어해요? 친구하고 이야기해 보세요.
大家喜欢哪个季节？讨厌哪个季节？跟朋友聊一聊。

1) 좋아하는 계절과 이유, 싫어하는 계절과 이유를 메모하세요.
请记下喜欢的季节和原因，以及讨厌的季节和原因。

| | 계절 | 이유 |
|---|---|---|
| 좋아하는 계절 | | |
| 싫어하는 계절 | | |

2) 좋아하는 계절과 싫어하는 계절에 대해 친구하고 이야기하세요.
围绕喜欢的季节和讨厌的季节跟朋友聊一聊。

**1** 다음은 좋아하는 계절을 소개한 글입니다. 잘 읽고 질문에 답해 보세요.
以下是介绍喜欢的季节的短文，请仔细阅读，然后回答问题。

읽어요

> 저는 봄하고 가을을 좋아해요. 봄은 따뜻하고 꽃이 많이 피어서 좋아해요. 그리고 가을은 시원해서 좋아해요. 지난봄에 한국에서 친구들하고 꽃구경을 했어요. 아주 재미있었어요. 가을에는 단풍 구경을 할 거예요. 단풍 사진을 많이 찍고 싶어요.

1) 이 사람은 어느 계절을 좋아해요? 모두 고르세요.
   这个人喜欢哪个季节？请全部选出来。

   ①   ②   ③   ④

2) 이 사람은 봄에 무엇을 했어요?
   这个人春季做了什么？

3) 이 사람은 가을에 무엇을 하고 싶어 해요?
   这个人秋季时想做什么？

**써요**

**1** 여러분이 좋아하는 계절에 대해 써 보세요.
针对大家喜欢的季节写一篇短文。

1) 어느 계절을 좋아해요? 날씨가 어때요? 보통 무엇을 해요? 메모하세요.
喜欢哪个季节? 天气怎么样? 通常会做什么? 请记下来。

| | |
|---|---|
| 어느 계절? | |
| 그 계절 날씨? | |
| 보통 무엇? | |
| | |

2) 메모한 것을 바탕으로 글을 쓰세요.
以记录的内容写一篇短文。

# 문화 한국의 사계절과 날씨 韩国的四季与天气

- 한국의 봄, 여름, 가을, 겨울의 날씨는 어떨까요?
  韩国春夏秋冬的天气如何？

| 봄 | 여름 |
|----|------|
| 가을 | 겨울 |

韩国有春季、夏季、秋季和冬季。春季温暖有风，偶尔会因微尘让人感觉不适。夏季非常炎热，并且由于经常下雨较为湿润。秋季天气凉爽，十分晴朗，冬季下雪，极为寒冷。秋冬季节较为干燥。

- 제일 더울 때와 제일 추울 때는 어느 정도예요?
  最热和最冷的时候能达到什么程度？

韩国的最高气温约为37℃左右，通常7月末8月初最热。最低气温约为-20℃左右，1月份最冷。所以如果想来韩国，就避开这些时候吧~

- 여러분의 나라는 어느 계절이 있어요? 날씨가 어때요? 소개해 보세요.
  大家的国家都有哪些季节呢？天气怎么样？请介绍一下。

**자기 평가**
**自我评价**

이번 과 공부는 어땠어요? 별점을 매겨 보세요!
这一课学习得如何？请用星星打个分！

| 날씨와 계절에 대해 묻고 답할 수 있어요? | ☆ ☆ ☆ ☆ ☆ |
|---|---|

# 정답

## 6과 하루 일과

### 들어요

1) ③, ⑦, ⑧　　　　　2) ②

### 읽어요

1) 네, 학교에 가요.
2) 12시 30분에 점심을 먹어요.
3) 오후 8시에 해요.

## 7과 한국 생활

### 들어요

1) 작년에 한국에 왔어요.
2) 한국 친구를 사귀고 한국 음식을 많이 먹었어요.

### 읽어요

1) 지난달에 왔어요.
2) 친구를 사귀었어요. 친구들하고 놀고 이야기도 하고 공부도 했어요.
3) 재미있고 좋아요.

## 8과 음식

### 들어요

1)

2) ① ✕　　　　　　　② ◯

### 읽어요

1) 아니요, 안 먹어요.
2) 불고기를 먹었어요.
3) 안 매웠어요. 맛있었어요.

## 9과 휴일

### 들어요

1) 다음 주 월요일부터 목요일까지예요.
2) ②, ③

### 읽어요

1) 다음 주 화요일부터 방학이에요.
2) 서울을 구경할 거예요. 경복궁하고 한강 공원에 갈 거예요. (사진을 찍을 거예요.)

## 10과 날씨와 계절

### 들어요

1) **카밀라**: 봄을 좋아해요.　　**하준**: 겨울을 좋아해요.
2) ① ✕　　　　　　　② ◯

### 읽어요

1) ①, ③
2) 꽃구경을 했어요.
3) (단풍 구경을 하고 싶어 해요.) 단풍 사진을 많이 찍고 싶어 해요.

# 듣기 지문

## 6과  하루 일과

**061 생각해 봐요**

카밀라  저녁에 뭐 해요?

하준  운동을 해요. 그리고 자요.

**062 한 번 더 연습해요**

지아  다니엘 씨, 아침에 운동을 해요?

다니엘  아니요, 아침에 운동을 안 해요.

지아  그럼 언제 운동을 해요?

다니엘  저녁에 운동을 해요.

**063 이제 해 봐요**

남  두엔 씨는 아침에 몇 시에 일어나요?

여  일곱 시에 일어나요.

남  그럼 아침을 먹어요?

여  아니요, 아침을 안 먹어요. 커피를 마셔요.

남  학교에는 몇 시에 가요?

여  여덟 시 반에 가요.

남  오후에는 뭐 해요?

여  친구하고 놀아요. 쇼핑을 해요.

## 7과  한국 생활

**071 생각해 봐요**

하준  카밀라 씨는 언제 한국에 왔어요?

카밀라  지난달에 왔어요.

하준  한국 생활이 어때요?

카밀라  재미있어요.

**072 한 번 더 연습해요**

지아  웨이 씨, 언제 한국에 왔어요?

웨이  지난달에 왔어요.

지아  한국에서 무엇을 했어요?

웨이  한국어를 공부하고 한국 친구를 사귀었어요.

지아  한국 생활이 어때요?

웨이  재미있고 좋아요.

**073 이제 해 봐요**

남  카밀라 씨, 언제 한국에 왔어요?

여  지난달에 왔어요. 무함마드 씨는요?

남  저는 작년에 한국에 왔어요. 카밀라 씨는 한국에서 무엇을 했어요?

여  한국 친구를 사귀고 한국 음식을 많이 먹었어요. 한국 생활이 정말 재미있어요.

## 8과  음식

**081 생각해 봐요**

다니엘  여기는 무엇이 맛있어요?

지아  비빔밥이 맛있어요.

**082 한 번 더 연습해요**

다니엘  지아 씨, 뭐 먹을래요?

지아  저는 순두부찌개를 먹을래요.

다니엘  순두부찌개는 맛이 어때요?

지아  조금 매워요. 그렇지만 맛있어요.

다니엘  매워요? 그럼 저는 삼계탕을 먹을래요.

**083** 이제 해 봐요

여  뭐 먹을래요?

남  이 식당은 갈비탕이 맛있어요. 나쓰미 씨, 갈비탕을 먹을래요?

여  저는 갈비탕을 안 좋아해요.

남  그래요? 여기는 비빔밥도 맛있어요.

여  안 매워요?

남  네, 안 매워요.

여  그럼 저는 비빔밥을 먹을래요.

남  여기요, 비빔밥 하나하고 갈비탕 하나 주세요.


## 9과  휴일

**091** 생각해 봐요

두엔  지난 주말에 뭐 했어요?

웨이  집에서 쉬었어요. 두엔 씨는요?

두엔  저는 친구하고 놀이공원에 갔어요.


**092** 한 번 더 연습해요

두엔  이번 방학에 뭐 할 거예요?

웨이  저는 여행을 갈 거예요.

두엔  어디에 갈 거예요?

웨이  제주도에 갈 거예요. 두엔 씨는 뭐 할 거예요?

두엔  고향 친구를 만나고 싶어요. 그래서 고향에 갈 거예요.


**093** 이제 해 봐요

여  다니엘 씨는 휴가가 언제예요?

남  다음 주 월요일부터 목요일까지예요.

여  이번 휴가에 뭐 할 거예요?

남  부산에 여행을 갈 거예요.

여  그래요? 부산에서 뭐 할 거예요?

남  구경을 하고 한국 음식도 많이 먹을 거예요.


## 10과  날씨와 계절

**101** 생각해 봐요

지아  저는 봄을 좋아해요. 웨이 씨는 어느 계절을 좋아해요?

웨이  저는 겨울을 좋아해요.


**102** 한 번 더 연습해요

두엔  웨이 씨, 어제 단풍 구경을 잘했어요?

웨이  네, 단풍이 예쁘고 날씨도 시원해서 아주 좋았어요. 그런데 두엔 씨는 왜 안 왔어요?

두엔  저는 아파서 못 갔어요.


**103** 이제 해 봐요

남  카밀라 씨는 어느 계절을 좋아해요?

여  저는 봄을 좋아해요.

남  왜 봄을 좋아해요?

여  꽃이 많이 피어서 좋아해요.

남  한국에서 꽃구경을 했어요?

여  아니요, 못 했어요. 하준 씨는 어느 계절을 좋아해요?

남  저는 스키를 좋아해서 겨울을 좋아해요.

## 6과  소리 내어 읽기 1

 1) 안녕하세요? 저는 김민정이에요. 만나서 반갑습니다.

2) 저는 오늘 학교에 가요. 학교에서 한국어를 공부해요.

3) 저는 일본 사람이에요. 한국인 친구가 두 명 있어요.

4) 오후에 백화점에 가요. 옷을 사요. 그리고 신발도 사요.

5) 저는 축구를 좋아해요. 아침에 친구하고 축구를 해요.

 남 안녕하세요? 저는 페르난데스예요. 멕시코 사람이에요. 지금은 한국에서 살아요. 한국 회사에 다녀요. 저는 보통 아침 일곱 시에 일어나요. 아침에 운동을 해요. 그리고 오전 아홉 시부터 오후 여섯 시까지 회사에서 일해요. 저녁은 보통 친구들하고 같이 먹어요. 한국 생활은 재미있어요.

## 9과  소리 내어 읽기 2

 1) 어제는 휴일이었어요. 그래서 학교에 안 갔어요. 오전에는 집에서 쉬었어요. 청소를 하고 빨래를 했어요. 오후에는 서울을 구경했어요. 경복궁에도 가고 남산서울타워에도 갔어요. 정말 아름다웠어요. 다음 휴일에는 다른 곳에 가 보고 싶어요.

2) 저는 삼 개월 전에 한국에 왔어요. 지금 한국에서 혼자 살아요. 한국 음식을 좋아해서 자주 먹어요. 삼계탕도 좋아하고 비빔밥도 좋아해요. 지난주에는 집에서 비빔밥을 만들었어요. 조금 어려웠지만 재미있었어요. 다음 주에도 한국 음식을 만들 거예요.

# 어휘 찾아보기 (단원별)

## 6 과

### • 시 · 분

한 시, 두 시… 열두 시, 일 분, 이 분… 오십 분, 한 시 일 분, 열한 시 반

### • 시간

아침, 점심, 저녁, 새벽, 낮, 밤, 오전, 오후

### • 하루 일과

일어나다, 씻다, 아침/점심/저녁을 먹다, 학교에 가다, 수업이 시작되다, 수업이 끝나다, 출근하다, 일하다, 쉬다, 퇴근하다, 집에 오다, 음식을 만들다, 샤워하다, 자다

### • 새 단어

언제, 보통, 그리고, 다니다, 혼자, 그러면

## 7 과

### • 시간

그저께, 어제, 오늘, 내일, 모레, 지난주, 이번 주, 다음 주, 지난달, 이번 달, 다음 달, 작년, 올해, 내년

### • 기간

분, 시간, 일, 하루, 이틀, 주일, 달, 연(년), 전, 후

### • 새 단어

부모님, 그래서, 힘들다, 사귀다, 아주, 괜찮다, 그때

## 8 과

### • 음식

비빔밥, 김치찌개, 된장찌개, 순두부찌개, 갈비탕, 삼계탕, 불고기, 삼겹살, 냉면, 국수, 밥, 김치, 김밥, 라면, 떡볶이, 만두, 치킨, 돈가스, 피자, 햄버거

### • 맛

짜다, 달다, 시다, 쓰다, 맵다, 싱겁다

### • 새 단어

레몬, 계속, 기다리다, 처음

## 9 과

### • 쉬는 날

주말, 휴일, 연휴, 휴가, 방학

### • 휴일 활동

집에서 쉬다, 청소하다, 빨래하다, 게임을 하다, 산책하다, 쇼핑하다, 구경하다, 사진을 찍다, 영화를 보다, 춤을 배우다, 요리를 배우다, 콘서트에 가다, 놀이공원에 가다, 박물관에 가다, 고향에 가다, 여행을 가다

### • 새 단어

그렇지만, 생일 축하해요, 선물

**10** 과

* **계절**

봄, 여름, 가을, 겨울

* **날씨**

따뜻하다, 덥다, 시원하다, 춥다, 맑다, 흐리다, 비가 오다, 눈이 오다, 바람이 불다, 날씨가 좋다, 날씨가 나쁘다

* **계절의 특징 · 활동**

꽃이 피다, 꽃구경을 하다, 바닷가에 가다, 수영하다, 단풍이 들다, 단풍 구경을 하다, 스키를 타다, 눈사람을 만들다

* **새 단어**

숙제하다, 잠, 너무, 잘하다, 피곤하다

# 어휘 찾아보기 (가나다순)

어휘 찾아보기 (가나다순)

# 문법 찾아보기

**6과**

**에** ▼ 🔍

- 시간을 나타내는 명사에 붙어 어떤 동작이나 행위, 상태가 일어나는 시간을 나타낸다.
  用于表示时间的名词之后，表示某种动作，行为或状态发生的时间。

- 시간이나 때를 물을 때는 '언제'를 사용한다.
  询问时间或时候时，使用'언제(什么时候)'。

- 두 개 이상의 시간 명사를 쓸 때는 큰 단위를 먼저 쓰며, '에'는 마지막 명사 뒤에만 붙인다.
  当出现两个以上时间名词时，先使用大的单位，'에'仅用于最后一个名词之后。

- '언제, 지금, 어제, 오늘, 내일, 모레' 등에는 '에'를 붙이지 않는다.
  '언제(什么时候)、지금(现在)、오늘(今天)、내일(明天)，모레(后天)、어제(昨天)'等之后不使用'에'。

  가 언제 친구가 와요?
  나 오늘 저녁에 와요.

  그 사람은 1995년 12월 30일 오전 7시에 태어났어요.

**안** ▼ 🔍

- 동사나 형용사 앞에 쓰여 부정이나 반대의 뜻을 나타낸다.
  用于动词或形容词之前，表示否定或相反的意思。

  안 + 동사 / 형용사

- '명사+하다'의 동사는 '명사+안+하다'의 형태로 쓴다.
  '名词+하다'动词否定形式是'名词+안+하다'。

- 있다→없다, 알다→모르다, 좋아하다→안 좋아하다

가 보통 아침을 먹어요?
나 아니요, 안 먹어요.

**7과**

**-았어요/었어요/였어요** ▼ 🔍

- 어떤 사건이나 행위가 이야기하는 시점에서 이미 일어났음을 나타낸다.
  表示某事或某种行为在说话时已经发生。

| 동사 형용사 | ㅏ, ㅗ O | -았어요 | 좋다 → 좋았어요 |
|---|---|---|---|
| | ㅏ, ㅗ × | -었어요 | 맛없다 → 맛없었어요 |
| | 하다 | -였어요 | 운동하다 → 운동했어요 |

| 명사 | 받침 O | 이었어요 | 회사원이었어요 |
|---|---|---|---|
| | 받침 × | 였어요 | 의사였어요 |

가 어제 뭐 했어요?
나 집에서 쉬었어요.

가 고향에서 회사에 다녔어요?
나 아니요, 학생이었어요.

**-고** ▼ 🔍

- 둘 이상의 대등한 내용을 나열함을 나타낸다.
  表示罗列两种以上对等的内容。

| 동사 형용사 | 받침 O | -고 | 듣다 → 듣고 |
|---|---|---|---|
| | 받침 × | | 바쁘다 → 바쁘고 |

**110** 고려대 한국어 1B

가 사무실은 어때요?

나 크고 좋아요.

가 어제 뭐 했어요?

나 오전에 운동하고 오후에 친구를 만났어요.

## 8과

### -(으)ㄹ래요

- 자신의 의향을 말하거나 상대방의 의향을 물을 때 사용한다.
  在表示自身意向或询问对方意向时使用。

| 동사 | 받침 ○ | -을래요 | 먹다 → 먹을래요 |
|---|---|---|---|
| | 받침 ×<br>ㄹ받침 | -ㄹ래요 | 자다 → 잘래요<br>놀다 → 놀래요 |

- 비격식적인 구어에서 많이 사용한다.
  常用于非形式化的口语中。

  가 주스 마실래요?

  나 아니요, 안 마실래요.

### -(으)세요

- 상대방에게 그 행동을 하도록 명령할 때 사용한다.
  命令对方做出该行动时使用。

| 동사 | 받침 ○ | -으세요 | 씻다 → 씻으세요 |
|---|---|---|---|
| | 받침 ×<br>ㄹ받침 | -세요 | 말하다 → 말하세요<br>살다 → 사세요 |

- 먹다, 마시다 → 드세요, 자다 → 주무세요

  가 여기에 쓰세요.

  나 네, 알겠어요.

  가 맛있게 드세요.

  나 고마워요.

## 9과

### -(으)ㄹ 것이다

- 앞으로의 할 일이나 계획을 나타낸다.
  表示今后要做的事情或计划。

| 동사 | 받침 ○ | -을 것이다 | 먹다 → 먹을 것이다 |
|---|---|---|---|
| | 받침 ×<br>ㄹ받침 | -ㄹ 것이다 | 보다 → 볼 것이다<br>만들다 → 만들 것이다 |

- 일상 대화에서는 '-(으)ㄹ 거예요'나 '-(으)ㄹ 것이에요'로 말한다.
  在日常对话中用 '-(으)ㄹ 거예요' 或 '-(으)ㄹ 것이에요' 来表达。

  가 내일 뭐 할 거예요?

  나 쇼핑할 거예요.

### -고 싶다

- 희망이나 바람을 나타낸다.
  表示希望或愿望。

| 동사 | 받침 ○ | -고 싶다 | 읽다 → 읽고 싶다 |
|---|---|---|---|
| | 받침 × | | 사귀다 → 사귀고 싶다 |

- 나, 너가 아닌 다른 사람의 희망이나 바람을 나타낼 때는 '-고 싶어 하다'를 사용한다.
  在表示除你我之外其他人的希望或期盼时，使用
  '-고 싶어 하다'。

  가 뭐 먹고 싶어요?

  나 삼겹살 먹고 싶어요.

  가 주말에 뭐 할 거예요?

  나 두엔 씨가 놀이공원에 가고 싶어 해요. 그래서 같이 갈
  거예요.

## 못

- 동사 앞에 쓰여 어떤 행동을 할 능력이 없거나 할 상황이 안 됨을 나타낸다.
  用于动词之前，表示没有能力或不具备条件做某种行动。

| 못 | 동사 |
| --- | --- |

- '명사+하다'의 동사는 '명사+못+하다'의 형태로 쓴다.
  '名词+하다'动词以'名词+못+하다'的形态使用。

  가 수영해요?

  나 아니요, 수영 못 해요.

## -아서/어서/여서

- 뒤의 내용에 대한 이유를 나타낸다.
  表达对后半句的原因。

| | | | |
| --- | --- | --- | --- |
| 동사 | ㅏ, ㅗ ㅇ | -아서 | 많다 → 많아서 |
| 형용사 | ㅏ, ㅗ × | -어서 | 피다 → 피어서 |
| | 하다 | -여서 | 시원하다 → 시원해서 |

- 과거의 이유를 말할 때도 '-아서/어서/여서'를 사용한다.
  说明过去的原因时也使用'-아서/어서/여서'。

  가 왜 학교에 안 왔어요?

  나 아파서 못 왔어요.

  늦어서 미안해요.

MEMO

MEMO

# 고려대 한국어 1B 中文版

| | |
|---|---|
| **초판 발행** | 2019년 8월 12일 |
| **2판 발행 1쇄** | 2021년 5월 20일 |
| **지은이** | 고려대학교 한국어센터 |
| **펴낸곳** | 고려대학교출판문화원 |
| | www.kupress.com |
| | kupress@korea.ac.kr |
| | 02841  서울특별시 성북구 안암로 145 |
| | Tel   02-3290-4230, 4232 |
| | Fax  02-923-6311 |
| **유통** | 한글파크 |
| | www.sisabooks.com / hangeul |
| | book_korean@sisadream.com |
| | 03017  서울시 종로구 자하문로 300 시사빌딩 |
| | Tel   1588-1582 |
| | Fax   0502-989-9592 |
| **일러스트** | 최주석, 황주리 |
| **편집디자인** | 한글파크 |
| **찍은곳** | 주식회사 레인보우 피앤피 |
| **ISBN** | 979-11-90205-00-9 (세트) |
| | 979-11-90205-74-0  04710 |

값 17,000원

**고려대 한국어**  고려대 한국어는 말하기 활동 중심의 통합 교재입니다.

**고려대 재미있는 한국어**  고려대 재미있는 한국어는 의사소통 활동 중심의 말하기, 듣기, 읽기, 쓰기 교재입니다.

표지 일러스트 **정소연**

## 고려대 한국어는
### 말하기 활동 중심의 통합 교재입니다.

- 쉽고 재미있습니다.
- 배워서 바로 쓸 수 있습니다.
- 최고의 전문가가 만들었습니다.

04710

9 791190 205740

ISBN 979-11-90205-74-0
ISBN 979-11-90205-00-9(세트)

값 17,000원